예수를 믿는 사람이라면
성령에 대해 알아야 할 것들

일러두기 이 책의 본문은 개역한글 성경을 사용했습니다.

예수를 믿는 사람이라면 성령에 대해 알아야 할 것들

김영준 목사 지음

미래사CROSS

서문

성령이 오시면 우리에게 예수 그리스도를 소개하시고 예수 그리스도의 이름을 높이십니다. 우리가 예수님을 주라고 시인할 수 있는 것은 성령의 역사로 말미암는 것입니다. 그러나 동시에 예수님은 제자들에게 성령에 대하여 소개하셨습니다. 성령을 받으라고 명하셨고 성령이 오시면 어떤 일이 일어날지 말씀하셨습니다. 예수님께서 당신이 떠나가시는 것이 제자들에게 더 유익하다고 말씀하셨습니다. 왜냐하면 당신이 떠나가신 후에야 성령이 오실 것이기 때문이었습니다.

오늘날 예수님을 믿는 사람들 중에 성령을 경험한 분은 많지만, 정작 성령에 대해 잘 아는 사람은 많지 않습니다. 또한 성령의 은사를 경험해 본 사람은 많지만 성령의 은사에 대해 잘 아는 사람은 많지 않습니다. 저는 그리스도인들이 성령을 경험하는 것뿐만이 아니라, 성령에 대한 바른 지식을 갖게 하기 위하여 이 책을 쓰게 되었습니다.

이 책의 내용은 제가 과거 수년 동안 교인들에게 성령에 대하여 가르친 성경 공부에 기초한 것입니다.

흔히들 성령 운동하는 교회가 있고 말씀 중심의 교회가 있다고들 말합니다. 그러나 앞으로의 교회는 어느 한쪽에 치우치지 않고 바른 균형을 잡아야 한다고 생각합니다. 우리가 하나님을 예배할 때 신령으로만 하지 않고 또 진리만으로도 하지 않고 신령과 진리로 예배해야 하듯, 우리의 믿음에는 체험적인 면과 교리적인 면이 균형을 잡아야 합니다. 성령의 열매가 있다고 성령의 은사가 필요 없는 것이 아니며, 그렇다고 성령의 은사가 있다고 반드시 성령의 열매를 보장해 주는 것도 아닙니다. 둘 다 필요합니다. 둘 다 성령이 주시는 것입니다.

이 작은 책을 사랑하는 기쁜소식교회 성도들과 저의 가족, 그리고 먼저 하나님 앞으로 가신 저의 아버님께 드립니다.

2004년 5월 5일 양재천 가에서

김영준 목사

차례

	서문	4

Chapter 1 성령에 대한 인식을 새롭게 하기 위하여

문을 열어야 할 필요성	10
성령에 대한 인식	14
성령 은사의 유익	21
영적인 갈급함	26

Chapter 2 성령세례

성령세례는 무엇입니까?	32
성령세례를 받아야 하는 이유	36
성령세례와 성령 내재의 차이	44
성령세례를 두려워하는 분에게	46
성령세례를 받으려면	49
오순절 운동과 은사주의	52
이른 비와 늦은 비	60
오순절 운동의 특징	64

Chapter 3 우리나라 성령 운동이 범한 실수와 성령 운동의 나아가야 할 길

신앙의 두 개의 축	70
신앙적 경험의 체계화	74
성령과 동행하는 삶	79
안수기도의 의미와 목적	94
성령세례와 방언의 관계	100
믿음의 기도	117
기도가 응답되지 않을 때	133
합심기도와 통성기도의 유익	146

Chapter 4 예언을 수용하는 법

예언의 부작용	156
예언의 목적	158
예언을 분별하는 법	164
예언이 오는 방법	169
크리스천 리더십	170

Chapter

1

성령에 대한 인식을
새롭게 하기 위하여

성령에 대한
인식을 새롭게
하기 위하여

문을 열어야 할 필요성

개인이나 가정은 물론이고 국가도 발전하기 위해서는 문을 열어야 됩니다. 문이 열리는 것이 참으로 중요합니다. 문을 닫고 '우리끼리, 우리 식으로 살자' 하는 곳에는 발전이 없습니다. 일본이 메이지 시대 때 문을 열었더니 부국강병의 길로 갈 수 있었던 것처럼, 지금 우리 사회가 세계화 시대를 맞아 겪고 있는 많은 시련도 어떻게 보면 더욱더 열린사회를 만들기 위한 하나의 과정이요, 거기에 따르는 고통이라고 볼 수 있습니다. 사람도 자신의 오래된 고정관념을 벗어 버리고 새로운 것을 받아들이려고 할 때 그의 나이가 많을수록 더 힘겨운 심리적인 부담이 따르는 것처럼, 지금 우리 국가 전체가 힘든 과정을 통과하고 있는 것입니다. 옛날 생각을 벗어 버리고, 옛날에 하던 방식을 버리는 일은 참으로 어렵지만, 그럼에도 불구하고 우리에게는 선택권이 없습니다. 옛날처럼 다시 문을 닫고 '우리 식으로 살자'는 것은 우리에게 더 이상 유효하지 않기 때문입니다.

변화를 긍정적으로 수용하기 위하여 누구든지 가장 먼저 열어야 될 문은 인식의 문입니다. 인식, 즉 깨달음의 차원-생각의 차원에서 문이 열려야 됩니다. 예를 들어, '영국은 좋은 나라다.' 이런 인식만 있다면 영국의 문물을 받아들일 수도 있고, 영국에 가서 살 수도 있으며, 자녀를 영국에 유학 보낼 수도 있습니다. 영국은 좋은 나라라고 생각하고 있기 때문에 그것이 가능한 것입니다. 반대로, '영국은 더럽다, 위험하다, 범죄가 많다, 사기꾼이 많다….' 이런 인식을 갖고 있으면, 그 나라를 꺼리게 되는 것은 분명한 사실입니다.

사람이 그리스도인이 되는 과정에 있어서도 교회에

대해 긍정적인 인식을 갖는 것이 중요합니다. 직접 기독교 믿음을 갖기 훨씬 이전에라도 교회에 대하여나 하나님에 대하여 긍정적인 인식을 갖는 것이 아주 중요합니다.

'교회는 좋은 곳이다, 예수 믿는 사람은 좋은 사람들이다, 하나님은 계시다, 언젠가는 나도 교회에 다닐 것이다…' 이런 생각이 있어야 기회가 되면 믿음을 갖게 되고 신자가 될 수 있습니다. 그러나 이와 반대로, '그리스도인들은 사기꾼들이다, 예수 믿는 사람들은 고집만 세다, 말만 많다….' 이런 식으로 부정적인 인식을 갖게 되면 그 사람이 믿음을 갖는 일은 더 어려워지는 것입니다. 요즈음 교회를 무조건 비판적으로만 보는 사람들은 교회로부터 멀어지는 것뿐만이 아니라 예수님으로부터도 멀어진다는 사실을 명심해야 됩니다. 교회를 싫어하면서 예수님을 사랑하는 사람은 제가 별로 본 적이 없습니다.

외국 선교사들이 우리나라에 처음 왔을 때 직접적으로만 복음을 전도한 것이 아니라 간접적으로도 전도하였습니다. 직접적으로 노방 전도를 하며 사람들을 개종시킨 경우도 많이 있지만, 지금 당장 결과가 보이지 않더라도 장기적으로 내다보고, 기독교에 대한 긍정적인 인식을 심어 주려고 애를 썼습니다. 그렇게 했기 때문에 여러분이나 저나 그 노력의 열매로써 예수를 믿게 된 것입니다. 선교사들이 우리나라에 와서 교회를 세웠을 뿐만 아니라 학교를 세우지 않았습니까? 그 당시 우리나라에는 현대식 학교가 없었습니다. 훌륭한 미션 스쿨, 대학, 병원을 세웠고 인재를 양성했습니다. 그래서 원래 기독교인이 아닌 사람들도 선교사들이 세운 학교에 출석하면서 찬송가를 불러 보게 되고 성경 말씀을 접하게 되었으며, 직접 믿음으로 연결되지는 않았더라도 시간이 지나면서 기독교 신앙에 대하여 마음이 열리게 되어 결국 믿음으로 연결된 것입니다. 이것이 바로 인식론적인 차원에서 기독교에 대하여 마음이 열린 것입니다.

지금 우리가 북한을 돕는 일 자체도 중요한 일이지만, 장기적인 전도의 차원에서도 이것은 굉장히 중요한 일입니다. 아무리 공산당원이라 하더라도 '교회가 우리를 돕는다'고 생각하게 될 때, 적어도 '교회는 좋은 곳이다'라고 그렇게 생각할 것이 아닙니까? 그리하여 나중에 공산주의라는 낡은 이념이 무너지게 되어 공산주의 사상을 대신할 다른 가치 체계를 찾게 될 때, 기독교를 기억하고 기독교로 돌아오게 될 것이라는 말입니다.

그것은 기독교에 대한 좋은 인식을 심어 주어야 가능한 것입니다. 현재 한국 교회가 보·혁 갈등에 휘말리는 것은 장차 북한 선교를 위해서 불리하다는 사실을 염두에 두어야 됩니다. 마귀는 교인들끼리 이간질을 시켜서 한국 교회가 한목소리를 내지 못하고 나누어지게 만들려고 하는 것입니다. 그래서 교회가 세속 정치에 과다하게 관여하다가는 본질의 사명에서 멀어질 수도 있습니다.

성령에 대한 인식

성령과 성령의 은사도 마찬가지입니다. 만일 성령의 은사에 대해서 부정적인 인식을 갖고 계신 분이 있다면, 그것이 편견이 되어서 벗어버리기가 아주 힘들어집니다. 성령의 은사에 대해서 뭔가 잘못된 것을 봤다던가, 잘못 사용하는 것을 봤다던가 그럴 때에 그것이 머릿속에 남아 있어서, '성령 주장하는 사람들은 전부 광신도들이다.', '성령, 성령 하지만 그것은 인간적 열심에 불과하다.' 이렇게 생각하게 되면, 성령의 은사를 받기가 힘들어집니다.

그러므로 성령에 대해서도 긍정적인 인식을 갖는 것이 중요합니다. 그렇게 해야, 비록 지금 당장 그 경험을 하지는 못하더라도 이후에 기회가 되었을 때 얼마든지 성령 체험을 할 수 있습니다.

제가 성령에 대해서 열린 마음을 갖게 된 동기는 고등부 때 성경 공부를 통해서였습니다. 제가 출석하던 교회의 고등부를 맡으셨던 교사 부부가 계셨습니다. 남편은 약대를 나온 약사이고, 부인은 음대에서 성악을 전공한 인텔리 부부였습니다. 이분들이 학생들을 차에 태워 교회에 데리고 오고, 집에 데려다 주고 먹을 것을 사줘가면서 학생부를 부흥시켰습니다. 이 두 분이 성경을 참 잘 가르쳤습니다. 제가 그 교회에 처음 출석한 날 그 남편 되시는 선생님이 성경 공부를 가르치시는데, 하필이면 그날 성령의 은사에 대해서 가르치셨습니다. 저는 그것이 결코 우연한 일이었다고 생각하지 않습니다.

그때 저는 아직 예수님을 영접한 단계가 아니었습니다. 교회는 다녔지만 예수님을 영접한 상태가 아니었는데, 그분이 가르치신 성경 공부를 통해서 저는 성령세례의 필요성에 대해 확신하게 되었습니다. 그러나 그때 즉시 성령을 경험한 것은 아닙니다. 성령을 직접 경험한 것은 그로부터 6년 뒤입니다. 그러나 이 성경 공부를 통해서 나중에 성령을 경험할 수 있는 하나의 신학적인 토대가 마련되었습니다. 성령에 대해서 마음이 열리게 되었고, 성령의 은사에 대해서 어떤 이의를 제기하지 않았습니다.

그런 일이 있은 지 몇 년 후에 마침내 제가 예수님을 구주로 영접하고, 거듭나고, 구원의 확신을 갖게 되면서 저에게 몇 가지 자연스러운 변화가 일어나는 것을 느꼈습니다.

첫 번째 변화는 죄를 미워하는 마음이 생긴 것이었습

니다. '죄를 지으면 안 되겠다, 거룩해져야겠다.' 하는 마음이 생겼습니다. 두 번째는 전도해야겠다는 생각이 들었습니다. 세 번째는 성령의 능력을 받고자 하는 소원이 생기게 되었습니다. 그때 저에게 도움을 주었던 책자가 있었는데, 바로 CCC에서 만든 『성령 충만을 받는 법』이라는 소책자입니다. 몇 페이지 안 되는 작은 책으로, 열차 세 량이 서로 연결되어 있는 그림을 통해서 성령 충만을 받는 하나의 단계를 설명했습니다.

'첫 번째는 회개하라. 두 번째는 구하라. 세 번째는 구했으면 받은 줄로 믿으라. 네 번째로 감정은 맨 마지막이다.'라고 했습니다. 믿음으로 구하면 주신다고 했기 때문에, 성령 충만을 구했으면 감정이 따르건 따르지 않건 간에 받은 줄로 믿으라고 했습니다. 저는 그 말씀에 의지하여 성령 충만을 구하는 기도를 드렸습니다.

제가 그때 성령세례를 받았는지 그 당시에는 알지 못했습니다. 무슨 감정적인 경험을 하지 못했기 때문입니다. 그러나 지금 돌이켜 생각해 보면, 그때 하나님께서 성령 충만을 주셨다고 믿어집니다. 물론 증명할 수는 없습니다. 그 당시 어떤 성령의 은사가 나타난 것은 아니었습니다. 그러나 그 당시에 제가 구한대로 주셨다고 저는 믿습니다.

제가 미국에서 대학에 진학했을 때, 캠퍼스 근처에 있는 한 미국인 교회를 나가게 되었습니다. 그 교회는 그 캠퍼스 촌에서 가장 뜨겁게 믿는다고 알려진 교회였습니다. 예배 시간에 박수치고, 손을 들고 찬양을 하고, 방언과 예언을 하고, 병을 고치고, 귀신을 내쫓는 그런 교회였습니다. 저는 이런 신앙 스타일에 대해서 약간 생소함을 느꼈지만, 기왕 예수를 믿을 바에야 이들처럼 뜨겁게 믿는 것이 낫지 않겠느냐고 생각하고 친구들을 따라 그 교회에 출석하기 시작했습니다.

그 교회 주일예배에 처음 출석하는 날, 예배가 끝나

고 기도를 받기 위해 담임목사님 앞에 나아갔습니다. 목사님에게 제 소개를 하고 나서, 저도 성령세례를 받고 싶으니 저를 위해 기도해 달라고 부탁했습니다. 그랬더니 그분이 저를 보시면서, "내가 보기에 당신은 머리가 좋은 사람이오." 그러셨습니다. 그리고 곧 이어서 하는 말씀이, "그러나 당신의 머리가 좋은 것이 하나님을 아는 데는 도움이 안 됩니다. 영적인 지혜와 사람의 지혜는 다릅니다. 그러므로 당신의 지적인 교만을 버려야 됩니다."라고 하셨습니다. 그러면서 제게 손을 얹고는 "자, 이제부터 방언으로 말하기를 시작하세요."라고 말씀하시는 것이었습니다.

그래서 저는 속으로, '아니, 내가 방언을 못하기 때문에 지금 목사님께 기도를 부탁하는데, 어떻게 나더러 방언으로 말하기를 시작하라는 걸까?' 하고 생각했습니다. 그러나 목사님 말씀을 거역할 수는 없었습니다. 그래서 저는 입을 열고 뭐라고 말하기를 시작했습니다. 그랬더니 그분이 제 말에 귀를 기울여 들으시고는 등을 '탁' 치면서, "이제 받았으니 가시오!" 하시는 겁니다. 그

순간 저는 약간 사기당한 기분이었습니다. 그래도 목사님이 받았다고 하시니 그 말씀을 의지하고 저는 기숙사로 돌아와서 방문을 걸어 잠그고 제가 한 것이 정말 방언인가를 시험하기 시작했습니다. 중얼중얼… 그런데 처음엔 제가 그 말을 지어서 하는 줄 알았는데, 시간이 지날수록 제가 전혀 의도하지 않은 말이 계속 제 입에서 쏟아져 나오는 것을 느낄 수가 있었습니다.

저는 그때까지만 해도 방언이 문법적인 언어라고 생각했습니다. 그러니까 주어가 있고 동사가 있고 목적어가 있고 수식어가 있는 것으로 생각했습니다. 그래서 내가 지금 하고 있는 말이 주어일까 동사일까 자꾸 생각을 하면서 하는 것이었습니다. 그런데 때로는 '더러러러…' 하면서 무슨 고장 난 모터 같은 소리가 날 때도 있고 때로는 언어 같은 말이 나오기도 했습니다. 한참 동안 방언으로 기도하다가 어느 사이엔가 제가 아는 말로 기도가 바뀌면서, 그 당시엔 몰랐지만 제 방언을 제가 스스로 통변하는 것이었습니다. 이렇게 해서 저는 방언과 통변, 그리고 예언의 은사를 받게 되었습니다.

성령 은사의 유익

그러나 이 은사가 저의 신앙에 어떤 유익이 되는지 그 당시에는 아직 알지 못했습니다. 대학교 2학년을 마치고 여름방학이 되어 저희 집에 돌아왔는데, 방학 중에 그곳에서 제가 출석하던 교회의 중고등부 교사로 섬기게 되었습니다. 방학 중 어느 날 아르바이트를 하다가 점심 시간에 시간이 나서, 마침 근처에 있는 예배당에 들어가 기도를 했습니다. 기도하는 중에 갑자기 제 입에서 이런 말이 나왔습니다.

"이제 곧 하나님께서 너를 쓰시리라."

저는 그 말이 하나님이 주신 예언이라고 생각했습니다. 다만 무슨 뜻인지는 알지 못했습니다. 그러던 중 중고등부 여름수련회 강사로 내정되었던 목사님이 갑자기 펑크를 내시는 바람에 저희 담임목사님께서 저와 제 친구를 불러서, "너희가 수련회를 인도해라." 하고 부탁하셨습니다. 그때 제 친구는 저보다 나이가 한 살 많은 의대생이었고, 둘 다 평신도였습니다. 전도사도 아니고 신학생도 아니었는데 우리 둘에게 수련회를 맡긴 것입니다. 한번 상상을 해보십시오. 오늘날 그런 일이 있을 수 있겠습니까? 중고등부 수련회를 대학생 두 명에게 맡기지 않습니다. 아마도 작은 교회니까 그게 가능했을 겁니다. 그런데 그 부탁을 받았을 때 제 마음은 엄청나게 기뻤습니다.

'잘됐다. 한번 내 마음껏 일해 보리라.'

뭔가 마음속에 기쁨이 솟아오르면서 그때부터 수련회 설교를 준비하기 시작했습니다. 설교에 대해서 제가 알면 얼마나 알겠습니까? 그러나 수련회를 맡고 나니 마음이 기쁘고 의욕이 생겨 열심히 설교를 준비했습니다.

마침내 수련회가 시작되었습니다. 모두 3박4일 일정의 수련회였습니다. 첫날 저녁은 평범하게 지나갔습니다. 이제 둘째 날이 되었습니다. 점심시간이 지난 후 제 친구와 저는 그날 저녁 예배를 위해 텐트 안에서 함께 기도하기 시작했습니다. 저희는 한 10분 정도 기도하고 오후 프로그램을 시작할 생각이었지만, 기도를 하다 보니까 한 시간 이상 길어지는 것이었습니다. 게다가 그냥

조용조용한 기도가 아니라 땅을 치고 울부짖으면서 하나님께 간구하는 기도였습니다. 한참 기도하더니 제 친구가, "성령이 너에게 강하게 임하시니까, 너는 다른 일은 신경 쓰지 말고 저녁 집회 시간까지 기도해라." 하고 말했습니다.

그래서 저는 바깥으로 나가 들판에 앉아서 저녁도 먹지 않고 오후 내내 계속 기도했습니다. 그리고 마침내 저녁 예배 시간이 되었습니다.

캠프파이어를 피워 놓고 둥그렇게 앉은 상태에서 제가 일어나 예수님이 부활하신 다음에 베드로에게 "네가 나를 사랑하느냐?"라고 물어보신 구절을 본문으로 해서 설교를 했습니다. 학생들은 진지하게 듣고 있었습니다. 저는 설교를 마치고 예수님을 구주로 영접할 사람은 한 걸음 앞으로 나오라고 했습니다. 그랬더니 학생들이 다 한 걸음씩 앞으로 나왔습니다. 모두가 한 걸음씩 나왔기 때문에 누가 나오고 누가 안 나온 것인지를 알기가 힘들었습니다. 아무튼 모든 학생들의 마음이 열렸다는 것을 확인할 수 있었습니다. 저는 그들에게 예수님 영접기도를 시키고 나서 제 자리에 앉았습니다. 그것으로 저는 그날 저녁의 임무가 다 끝난 줄로만 알았습니다.

그런데 제 친구가 일어나더니, "여러분, 하나님이 우리에게 은사를 주셨다면 사용해야 됩니다."라며 학생들 앞에서 크게 방언으로 말하기 시작하는 겁니다. 저는 깜짝 놀랐습니다. '이 친구가 정신이 나갔나. 방언이 뭔지도 모르는 학생들이 대부분일 텐데 그들이 뭐라고 생각할까?' 하면서 당황해하는데, 이 친구가 방언으로 말하기 시작하는 순간에 학생들도 일제히 울음을 터뜨리며 큰소리로 기도를 하기 시작했습니다. 게다가 학생들 중 일부도 방언으로 기도를 하는 것이었습니다. 저는 상당히 놀라고 또한 하나님에 대한 경외심에 사로잡혔습니다. 학생들이 울며 큰소리로 기도를 한다는 것보다도 더 놀라웠던 것은, 무언가 설명할 수는 없지만 하나님의 강한 임재가 우리를 사로잡았다는 사실입니다.

그날 저녁에 학생들이 모두 예수님을 구주로 영접하였고, 성령세례를 받은 학생들도 여럿 있었습니다. 그보다 더 신기한 것은 학생들 자신이 그날 저녁에 무언가 놀라운 일이 일어났다는 것을 모두 경험했다는 사실입니다. 아무도 이런 일이 있을 것이라고는 전혀 기대하지 않았는데, 뭔가 우리가 생각하지 못한 큰일이 벌어진 것입니다.

그날 밤, 저와 제 친구는 너무 흥분이 되어 밤잠을 이룰 수가 없었습니다. 자다가 기도하다가 잠꼬대로 방언을 하다가 했습니다. 저만 그런 것이 아니라 제 친구도 그랬습니다. 그런 영적인 흥분을 그 이후에도 겪어 본 적이 없습니다. 하나님이 저희를 그런 식으로 사용하시리라고는 꿈에도 생각하지 못했는데, 과연 성령이라는 분이 계시고, 하나님이 계시는구나 하는 것을 모두가 경험한 시간이었습니다.

제가 이 이야기를 여러분에게 하는 이유는 자랑하기 위함이 아닙니다. 신앙의 부흥은 성령이 가져다주십니다. 사람의 프로그램으로 되는 것이 아닙니다. 수련회 프로그램을 아무리 잘 만들어도 성령께서 역사하지 않으면 사람들의 마음의 문이 열리지 않습니다. 사람들의 마음이 얼마나 강퍅합니까! 얼마나 죄에 붙들려 있습니까! 그 죄를 벗어 버리기가 얼마나 힘든지 아십니까! 그건 사람의 의지로 되는 것이 아니고, 설교를 잘한다고 되는 것도 아니며, 오직 성령께서 그 삶 속에 역사하셔야만 됩니다. 이것이 오직 성령께서 행하시는 일입니다.

영적인 갈급함

성령에 대해 더 알고자 하는 분들에게 꼭 말씀드리고 싶은 것은 여러분이 성령에 대한 호기심과 갈급함을 가져야 한다는 것입니다. 성령에 대해 거룩한 호기심을 가져야 합니다. 우리는 생각하기를, 기도할 때 통성으로 크게 기도하면 옆 사람들이 방해를 받을 것으로 생각합니다. 특히 교회에 처음 나오는 사람들이 질겁해서 도망갈 거라고 생각을 합니다. 저도 그렇게 생각할 때가 많았습니다. 그런데 훌러 신학교에서 교회성장학을 가르치신 맥가브란 박사라는 분에 의하면, 그런 큰 통성기도나 은사주의적인 예배가 초신자들에게 오히려 영적인 호기심을 불러일으킨다는 것입니다.

다시 말하면, '여기 뭐가 있기에 많은 사람들이 이렇게 모여 뜨겁게 기도하지?' 하는 호기심을 갖게 된다는 것입니다. 뭔가가 교회 안에서 역사하고 있다는 것을 느낀다는 겁니다. 그래서 그들에게 거부감을 주기보다는 오히려 분위기를 뜨겁게 만들고 기도하게 만들어서, 이러한 역사에 동참할 수 있게 만든다는 것입니다. 이처럼 영적인 호기심과 갈급함이 교인들의 마음속에서 일어나야 합니다.

"샘솟는 듯한 물이 있습니다. 여러분, 목마른 분들은 누구나 이 물을 마셔야 됩니다."

이런 식으로 우리의 내면에 갈급함을 불러일으켜야 합니다.

디모데후서 1장 6절의 말씀을 보면, 사도 바울이 젊은 목사 디모데에게 이렇게 권고합니다.

> 그러므로 내가 나의 안수함으로 네 속에 있는 하나님의 은사를 다시 불일듯하게 하기 위하여 너로 생각하게 하노니

지금 디모데의 영혼 속에 은사가 있습니다. 그러나 은사가 있더라도 그 은사를 다시 불일듯하게 할 필요가 있었습니다. 인스턴트커피를 타서 마실 때 스푼으로 커피를 젓는 이유가 무엇입니까? 바닥에 가라앉은 설탕을 커피 전체에 퍼지게 하기 위해서입니다. 성령의 은사도 마찬가지입니다. 하나님께서 우리에게 성령을 주셨습니다. 우리는 성령으로 거듭났습니다. 그런데 문제는 그게 다 침체되어 있다는 것입니다. 바닥에 가라앉아 있습니다. 사장되어 있습니다. 사용하지 않고 있습니다. 어떻게 사용하는지 모르기 때문에 쓰지 않습니다. 방언을 하면 무엇이 유익한지, 그리고 방언은 왜 내가 알아듣지 못하는 말인지 모르기 때문에 쓰지 않는 사람들이 많습니다. 이것을 스푼으로 젓듯이 휘저어야 합니다. 이게 불일듯하게 하는 것입니다. 휘젓다 보면 없다고 생각했던 것이 있다는 사실을 발견하게 됩니다. 내가 못할 줄 알았는데 할 수 있다는 사실을 깨닫습니다.

누군가가 이것을 여러분에게 보여줘야 합니다. 제가 아까 말씀드린 대로 인식의 차원에서 마음의 문이 열려야 변화가 일어날 수 있다고 한 것처럼, 누군가가 긍정적인 생각을 여러분에게 전달해줘야 합니다. 이것이 필요한 것입니다. 이것을 구해야 합니다. 이것은 여러분의 유익을 위해서 주시는 것입니다. 특별한 사람을 위해서 주는 것이 아닙니다.

> 하나님이 가라사대 말세에 내가 내 영으로 모든 육체에게 부어 주리니 너희의 자녀들은 예언할 것이요 너희의 젊은이들은 환상을 보고 너희의 늙은이들은 꿈을 꾸리라
>
> _ 사도행전 2장 17절

성령께서 임하실 때 나타나는 현상은 사람들이 인위적으로 세워 둔 형식적인 담이 무너지게 된다는 것입니다. 사람들은 남녀를 차별하고 성직자와 평신도를 차별하고 교회 안에 인위적인 위계질서를 세우지만, 성령이 임하시면 사람이 만든 담을 허무셔서 여자를 세우기도 하시고, 연약한 자들, 없는 자들, 가난한 자들에게 능력

을 주시어 그 사람들로 하여금 강한 자을 부끄럽게도 하시고, 어진 사람, 젊은 사람을 세워서 나이든 사람을 가르치게 하십니다. 이 모두 성령께서 하시는 일입니다. 그래서 성령이 강권적으로 역사하실 때마다 부흥 운동이 일어나고 새로운 질서가 세워지는 것은 우연한 일이 아닙니다. 많은 새로운 선교 단체나 교단은 성령이 허락하셨던 부흥 운동의 결과로써 세워졌습니다.

  감리교가 그렇고 침례교와 오순절교단이 그렇습니다. 성령이 역사하시니까, 이전의 부대로는 새 술을 담을 수가 없었던 것입니다. 그래서 결국 새 부대를 만들 수밖에 없었던 것입니다. 이것은 성령의 역사로 말미암아 가능합니다. 사람이 인위적으로는 할 수 없는 일입니다.

Chapter
2

성령세례

성령
세례

성령세례는 무엇입니까?

세례 요한은 자신이 베풀던 물세례를 장차 예수님이 베푸실 성령세례와 구별하였습니다.

> 나는 너희로 회개케 하기 위하여 물로 세례를 주거니와 내 뒤에 오시는 이는 나보다 능력이 많으시니 나는 그의 신을 들기도 감당치 못하겠노라 그는 성령과 불로 너희에게 세례를 주실 것이요
>
> _마태복음 3장 11절

이 구절에서 세례 요한은 물세례와 성령세례를 구별하여 말씀하고 있습니다. 오늘날에도 사람이 예수님을 믿을 때 그에게 물로 세례를 베푸는 것은 교회이지만, 그에게 성령으로 세례를 베푸는 분은 예수님이십니다. 그러나 성령세례가 무엇인가에 대하여는 많은 신학적인 논란이 있습니다. 누구든지 예수님을 구주로 믿고 거듭난 사람은 이미 성령으로 세례를 받았다고 주장하는 학설이 있습니다. 반면에, 이미 예수를 믿고 거듭남으로 말미암아 그 심령에 성령이 내재하는 사람이더라도 성령세례라는 또 다른 체험을 해야 된다고 주장하는 설도 있습니다. 이것이 소위 '두 번째 체험(the second experience)'의 이론입니다.

우리가 한 가지 분명하게 알 수 있는 것은 적어도 사도행전에서는 사람이 성령으로 세례를 받을 때, 거기에는 외적인 현상이 따랐다는 사실입니다. 그 대표적인 예가 고넬료입니다. 고넬료와 그 식구들이 베드로를 초청해서 복음을 듣고 있는 순간에 성령이 그들에게 내려오셔서 그들이 방언을 말하며 하나님을 높였다고 사도행전은 기록하고 있습니다(행 10:44-46). 사실 고넬료의 경우에는 성령으로 거듭나는 일과 성령으로 세례 받는 일이 동시에 일어났습니다. 복음을 듣고 있는 동안에 성령이 강권적으로 그에게 내려오셨습니다. 성령이 이들에게 내려오신 것을 어떻게 알 수 있었습니까? 이들이 방언을 하며 하나님을 높였기 때문입니다. 다시 말하면, 이들이 성령세례를 받은 결과로써 외적으로 나타나는 현상이 있었다는 것입니다. 또 하나의 중요한 실례는 에베소의 제작들이었습니다.

> 아볼로가 고린도에 있을 때에 바울이 윗 지방으로 다녀 에베소에 와서 어떤 제자들을 만나 가로되 너희가 믿을 때에 성령을 받았느냐 가로되 아니라 우리는 성령이 있음도 듣지 못하였노라 바울이 가로되 그러면 너희가 무슨 세례를 받았느냐 대답하되 요한의 세례로라 바울이 가로되 요한이 회개의 세례를 베풀며 백성에게 말하되 내 뒤에 오시는 이를 믿으라 하였으니

이는 곧 예수라 하거늘 저희가 듣고 주 예수의 이름으로 세례를 받으니 바울이 그들에게 안수하매 성령이 그들에게 임하시므로 방언도 하고 예언도 하니 모두 열 두 사람쯤 되니라

_사도행전 19장 1-17절

  적어도 사도행전적 성령세례에는 이처럼 성령의 은사가 주어지는 외적인 현상이 나타났습니다. 이러한 체험은 고넬료처럼 사람들이 예수님을 믿고 거듭나는 순간에 함께 주어지기도 하였지만, 에베소의 제자들처럼 거듭남 이후에 추가적인 경험으로 주어지기도 하였습니다. 이 두 번째 사실이 중요합니다.

  오늘날 '두 번째 체험'으로서의 성령세례를 강조하는 신앙 운동이 바로 성령 운동, 혹은 오순절 은사주의입니다. 오순절 성령 운동은 어떤 특정 교파나 지역에 국한된 것이 아니라 지금 전 세계적인 신앙 운동이 되었습니다. 아프리카, 남미, 미국, 유럽, 어느 곳을 가더라도 쇠퇴한 교회에 새 힘을 불러일으키는 운동은 오

순절 은사주의 운동입니다.

이와 같은 현상은 하나의 일시적인 운동 차원에서 끝나지 않고 성령에 대한 새로운 이해와 관심을 불러일으켰습니다. 과거에는 오순절 은사주의 운동을 이단시하던 신학자들조차도 이제는 인식을 달리하고 있습니다. 오순절 은사주의 운동이 20세기에 전 세계의 교회에 기여한 바는 성령세례와 은사에 대해 새로운 인식을 갖도록 만들었다는 점입니다.

성령세례를 받아야 하는 이유

성령세례를 받아야 하는 이유는 무엇입니까? 가장 큰 이유는 주님께서 명하셨기 때문입니다. "볼지어다 내가 내 아버지께서 약속하신 것을 너희에게 보내리니 너희는 위로부터 능력으로 입혀질 때까지 이 성에 머물라 하시니라"라고 제자들에게 명하셨습니다(눅 24:49). 이 말씀은 제자들에게 명령하신 것이지만, 우리 모두에게도 적용되는 명령입니다. '산상수훈'이 예수님께서 당시 제자들에게 주신 말씀이지만, 그들에게만 주신 말씀이 아니라 우리에게도 적용되는 것과 마찬가지이기 때문입니다.

> 요한은 물로 세례를 베풀었으나 너희는 몇 날이 못되어 성령으로 세례를 받으리라
>
> _사도행전 1장 5절

이 말씀은 약속인 동시에 명령입니다. 성령으로 세례를 주시겠다고 약속하셨습니다. 동시에 성령으로 세례 받을 것을 명하셨습니다. 그저 권고하신 말씀이 아니고 명령하신 말씀입니다. 주님께서 명하셨다면 우리가 거기에 추가적인 단서를 달 필요가 없습니다. 그것만으로 충분한 이유가 됩니다.

그럼에도 불구하고 뭔가 더 설명을 요구하는 분이 있다면, 성령세례를 받아야 하는 이유는 주님을 올바로 섬길 수 있는 영적 능력을 받기 위해서입니다. 주님을 섬기는 일은 어렵습니다. 사람의 힘으로 안 됩니다. 주님

께서는 우리의 마음은 원이로되 육신이 약하다고 하셨습니다. 강퍅한 사람의 마음을 우리 힘으로, 우리 설득력으로, 우리 말주변으로 열 수가 없습니다. 성령께서 그 마음을 열어주셔야만 합니다. 악한 사탄 마귀가 나를 시험할 때, 우리 가정을 시험할 때, 내가 권총을 끄집어낸다고 마귀가 무서워하는 것이 아닙니다. 소리를 지르고 혈기를 부린다고 해서 마귀가 두려워하는 것이 아닙니다. 오직 성령의 능력이 우리와 함께할 때, 그것을 보고 마귀가 물러가는 것입니다. 그러므로 예수님도 마태복음 12장 28절에 이렇게 말씀하셨습니다.

내가 하나님의 성령을 힘입어 귀신을 쫓아내는 것이면 하나님의 나라가 이미 너희에게 임하였느니라

성령의 능력이 임할 때 비로소 귀신이 떠나가는 것입니다. 악령이 떠나가고 영적인 싸움에서 우리가 승리할 수 있는 유일한 길은 하나님의 능력을 받는 방법밖에는 없습니다. 성령에게는 프로판 가스처럼 폭발적인

능력이 있습니다. 우리가 주님을 섬기기 위해서는 우리 자신보다 더 큰 능력이 필요합니다.

21세기는 영성이 강조될 시대라고들 예측합니다. 20세기는 과거 어느 시대보다도 물질문명과 과학과 기술의 발전을 경험하였습니다. 그러나 이것들이 인간의 궁극적인 문제를 해결해주지는 못하였습니다. 물질문명에 찌들어 있는 현대인들은 다시 영적인 것에서 삶의 해답을 얻기를 원합니다. 이러한 변화는 그리스도인들에게 이 시대를 위한 하나님의 말씀을 전할 수 있는 새로운 기회를 제공합니다. 다만 이제는 우리가 복음을 전하는 과정에서 학술이나 이론으로써만 복음을 전해가지고서는 승부를 걸 수가 없습니다. 초대교회의 사도들이 했던 것처럼 말씀과 능력이 함께 역사하도록 해야 합니다. 신학 속에 갇혀 있는 예수님을 증거 할 것이 아니라, 말씀과 함께 역사하시고 따르는 표적으로 말씀을 확실히 증거 하시는 살아 계신 예수님을 소개해야 합니다.

이 시대를 이끄는 사람들은 선지자들입니다. 비록

선지자라고 불리지는 않더라도 그들에게는 대중을 이끌 수 있는 정신적인 힘이 있고 설득력이 있습니다. 그들은 정신적인 지도자입니다. 10대들의 마음을 움직이는 사람들은 선생님도 부모님도 아닌 아이돌 같은 연예인입니다. 10대들은 그들의 노래 가사 한마디 한마디를 음미하고 묵상하고 삶의 지표로 삼습니다.

칼 마르크스, 지그문트 프로이트, 찰스 다윈 같은 사람들은 그저 학술적인 이론만을 제시한 것이 아니라 수많은 영혼들에게 그들이 나아갈 길을 제시하였고, 수많은 사람들이 그들을 믿고 따랐습니다. 그들은 교주와도 같은 존재였습니다. 오늘날 한국 사회에도 뭇 사람들의 인기를 누리고 있는 사상가, 문인들이 있습니다. 그중에는 기독교 가치와는 반대되는 다원주의나 상대주의, 물질 만능주의, 부도덕한 쾌락주의 같은 것을 주장하는 사람들도 있습니다. 그러므로 오늘날 우리 그리스도인들이 이 세속 선지자들과 맞서서 영혼들을 예수 그리스도에게로 인도하기 위해서 우리는 엘리야와 같아져야 합니다.

엘리야는 바알의 선지자들의 미혹에 빠져 있는 이스라엘 백성들을 구하는 길은 참 하나님이 누구이신가를 보여주는 것임을 알았습니다. 그는 하나님의 불의 능력을 의지하였습니다. 온 민족이 보는 앞에서 엘리야는 여호와 하나님이 참 하나님이라는 것을 증명하였습니다. 그때 비로소 이스라엘 백성들을 미혹하고 있던 바알 세력이 무너지고 백성들이 하나님께로 돌아올 수 있었습니다. 우리도 마찬가지입니다. 영적인 능력의 대결(power encounter)을 통해서 예수님이 살아 계시다는 것과 예수님이 만왕의 왕이시라는 사실을 증명하지 않으면, 우리가 이 세대를 건질 수 없습니다.

예수님께서는 승천하시기 전에 제자들에게 한 가지만을 요구하셨습니다. "너희가 예루살렘을 떠나지 말고 아버지께서 너희에게 약속하신 것을 기다리라." 하고 명하셨습니다.

그것이 바로 성령세례입니다. 오직 성령이 너희에게 임하시면 너희가 권능을 받을 것이라고 말씀하셨습니다. 다른 것은 부차적입니다. 돈이 없어도 되고, 말을 못해도 됩니다. 모세를 보십시오. 그는 입술이 둔한 사람이었습니다. 성품이 사교적이거나 명랑하지 못해도 됩니다. 건강하지 못해도 괜찮습니다. "오직 성령이 너희에게 임하시면 너희가 권능을 받고 예루살렘과 온 유대와 사마리아와 땅 끝까지 이르러", '내 증인이 되기를 원하노라' 하고 말씀하신 것이 아니라, "내 증인이 되리라"라고 선포하셨습니다. 그러므로 성령세례를 받으면 누구든지 자연스럽게 증인이 됩니다. 당연히 증인이 됩니다.

성령을 받아 보시기를 바랍니다. 성령을 받고 나면 전도를 안 하고는 못 배깁니다. 성령을 받았다고 하면서도 전도하지 않는 사람은 정말 성령을 받지 못한 것입니다. 성령 받고 기도하지 않는 사람도 마찬가지입니다. 성령을 받으면 가슴이 뜨거워지고 기도하게 되고 하나님을 찬양하는 것이 기쁨이 됩니다. 성령께서 우리 안에 계셔서 역사하시기 때문에 우리가 기도할 때 성령께서 기뻐하십니다. 우리가 찬송할 때 성령께서 춤추십니다. 모두가 성령께서 행하시는 일입니다.

유명한 음악가 정경화, 정명훈 씨의 형제 중에 정명소라는 분이 계시는데, 그분은 LA에 거주하시면서 교회 성가대 지휘를 하십니다. 제가 신학교에 다니고 있을 당시, 그분이 LA 순복음교회 성가대를 지휘하셨습니다. 어느 날 LA에서 여러 교회가 연합해서 하는 전도집회가 있었는데, 거기에 순복음교회 성가대가 서게 되었습니다. 예배가 끝나고 교인들이 나가는 동안에 성가대가 계속하여 찬양을 불렀습니다. 제가 무심코 성가대석을 바라보니까 지휘자께서 지휘를 하며 성령에 취해서 덩실덩실 춤을 추시는 것이었습니다. 사람이 그런 점잖은 자리에서 제정신으로 춤을 출 수 있겠습니까? 그러나 성령에 취하니 춤을 추더라는 겁니다. 사람이 술에만 취할 수 있는 것이 아니라 성령에도 취할 수가 있습니다.

오순절날 120명의 제자들에게 성령이 임하셨을 때 주위에서 지켜보던 사람들이 뭐라고 말했습니까? 이 사람들이 새 술에 취했다고 말하지 않았습니까? 그들의 행동이 마치 취한 사람 같았기 때문입니다. 그러나 그것은 술에 취한 것이 아니라 성령에 취한 것이었습니다. 사람이 술에 취하면 담대해지고 이전에 할 수 없었던 일을 하는 것처럼, 그리스도인이 성령에 취하면 담대해집니다. 능력이 생깁니다. 이전에는 상상할 수 없었던 일을 도모할 수가 있게 됩니다. 성령께서 우리에게 행하시는 일을 할 수 있게 됩니다.

성령세례와 성령 내재의 차이

성령세례와 성령 내재는 구별되는 일입니다. 누구든지 예수님을 믿고 구원받은 사람에게는 성령님이 내재하고 계십니다.

"하나님의 영으로 말하는 자는 누구든지 예수를 저주할 자라 하지 않고 또 성령으로 아니하고는 누구든지 예수를 주시라 할 수 없느니라"(고전 12:3)라고 했습니다. 내재라는 것은 안에 거하신다는 말씀입니다. 그러나 성령세례는 주님의 일을 하기 위하여 필요한 능력과 은사를 부어주시는 일입니다. 성령 내재의 결과로써 그리스도인은 성령의 열매를 맺게 되지만, 성령세례를 받은 결과로써는 은사가 나타나게 됩니다. 이 두 가지를 구분하는 것이 중요합니다. 성령의 초자연적인 은사는 영적인 능력인데, 이것은 성령으로 세례를 받은 후에 나타나는 것입니다.

그러므로 성령이 내재하고 계시더라도 성령의 능력을 부여 받지 못한 그리스도인이 있을 수 있습니다. 성령의 내재와 세례의 차이를 비유로 설명해 보겠습니다. 사람이 물 한 컵을 돌이킬 때에 그 물은 분명히 그 사람 속에 들어갑니다. 물이 그 사람 속에 있습니다. 그러나 그 사람이 바다에 가서 물속에 풍덩 뛰어든다면 물속에 그 사람이 있게 될 것입니다. 그러니까 물은 물이로되 물이 내 안에 있느냐, 아니면 내개 물 안에 있느냐의 차이입니다. 우리가 예수님을 영접할 때 그것이 성령의 물을 들이키는 것과 같다면, 성령세례를 받을 때는 우리가 성령의 바다에 뛰어들므로 말미암아 우리의 몸이 성령의 물에 잠기는 것과 같다고 말할 수 있습니다.

그러므로 우리는 내 안에 성령을 채우라고 하기 보다는 성령이 내 삶을 이끌고 가실 수 있도록 그분에게 우리의 삶을 맡겨야 합니다. 더 많은 성령을 우리에게 달라고 구하기보다는, 우리의 삶을 더 많이 성령에게 드려야 합니다. 그것이 성령을 좇아 행할 수 있는 비결입니다. 우리는 성령이 우리에게 오시기를 구하기만 하고 우리 자신이 성령에게 가까이 가려고 하지 않습니다. 이미 성령은 우리에게 와 계십니다. 이제 우리가 우리의 삶을 그분에게 맡길 차례입니다.

성령세례를 두려워하는 분에게

성령은 하나님이십니다. 성령으로 세례 받는 일에 대하여 두려워할 필요가 없습니다. 두려움이 있다면 그것은 우리의 무지와 불신에서 비롯된 것입니다. 하나님의 약속을 알고 믿는 사람에게 성령세례는 환영할 일이지 두려워할 일이 아닙니다. 혹시라도 성령에 대해 두려워하는 사람이 있을까봐 예수님께서는 누가

복음 11장 11-13절에서 이렇게 말씀하셨습니다.

> 너희 중에 아비된 자 누가 아들이 생선을 달라 하면 생선 대신에 뱀을 주며 알을 달라 하면 전갈을 주겠느냐 너희가 악할찌라도 좋은 것을 자식에게 줄줄 알거든 하물며 너희 천부께서 구하는 자에게 성령을 주시지 않겠느냐

뱀, 전갈은 사막지대에 많은 동물인데, 이들은 성경적으로 마귀를 상징합니다. 그러므로 주님께서 말씀하시는 요지는, 우리가 성령의 은사를 구할 때 마귀의 은사를 받게 하시지 않는다는 것입니다. 많은 그리스도인들이 방언을 구하다가 마귀의 방언을 받을까봐 두려워합니다. 마귀의 방언이 있기는 있나 봅니다. 불교에도 방언이 있다고 하니까 말입니다. 그러나 그건 마귀에게 속한 사람의 이야기이고, 그리스도에게 속한 사람이 하나님 아버지께 선한 것을 구할 때 하나님은 그 사람이 악한 것을 받도록 허용하시지 않습니다. 이

것은 하나님 아버지의 성품입니다. 자녀를 향한 모든 아버지의 마음과 다를 바가 없습니다. 그 사실을 알고 하나님께 성령의 은사를 구해야 합니다.

그러나 예수를 너무 점잖게만 믿으시려는 분은 성령을 두려워합니다. 그 이유가 무엇입니까? 사람들 앞에서 창피한 일을 당하게 할까봐 그렇습니다. 자신이 원치 않는 일을 시킬까봐 그렇습니다. 내가 내 자신을 절제하며 세련되고 점잖게 예수를 믿어야 된다고 생각합니다. 그러나 우리는 이런 염려를 버려야 합니다. 성령은 예수님의 인격이시기 때문에 성령이 우리에게 충만히 임하실수록 잃어버린 인간의 존엄성을 회복시키십니다. 사람을 짐승처럼 행하게 하시는 분이 아닙니다. 성령을 받는 분들 중에 간혹 운다던가, 큰소리를 낸다던가 하는 경우가 있는데, 그 이유는 그 사람 속에 그렇게 하지 않으면 안 될 깊은 상처가 있기 때문에 그렇습니다, 그 상처를 치료하는 과정에서 사람이 울부짖거나 큰소리를 내는 경우가 있습니다. 이산가족이 상봉할 때 점잖게 상봉하는 경우를 보셨습니까? 그렇지 않습니다. 때로는 바닥에 뒹굴면서 눈물을 터뜨립니다. 그러나 아무도 그것을 점잖지 못하다고 흉보지 않습니다. 당연한 반응이라고 봅니다. 또 월드컵을 시청하면서 온 국민이 펄쩍펄쩍 뛰고 열광하는 것을 이상하게 보지 않습니다. 그렇다면 왜 성령이 우리에게 임하셔서 우리가 뛰며 기뻐하고 또 눈물을 흘리며 기도하는 것을 이상하다고 보아야 합니까? 그것은 신앙에 대한 편견입니다. 또한 무지에서 비롯되는 것입니다.

다만 우리가 알아야 할 것은 성령은 인격체이시기 때문에 우리를 인격적으로 만나 주신다는 점입니다. 우리 인격의 상처와 모순과 어두움을 치료해 주십니다. 우리를 온전하게(whole) 만드십니다. 주는 영이시니 주의 영이 계신 곳에는 자유함이 있다고 하십니다(고후 3:17).

성령세례를 받으려면

그러면 성령세례를 어떻게 하면 받을 수가 있을까요? 세 가지 할 일이 있습니다.

첫 번째로 하나님께 구해야 합니다. "구하라, 그리하면 주실 것이요…"라고 말씀하셨습니다. 두 번째는 구했다면 하나님께서 주셨다고 믿어야 합니다. 사도 바울은 갈라디아 교인들에게 쓴 편지에서, "너희가 성령을 받은 것은 율법의 행위로냐 듣고 믿음으로냐?"라고 질문했습니다. 세 번째로 여러분이 구한 성령을 받은 것으로 믿고 하나님을 찬양하십시오. 오순절날 성령세례를 받았던 120명의 성도들은 성령의 말하게 하심을 따라 다른 방언으로 말하기 시작했습니다. 방언으로 말하기 시작한 것은 성령이 아니라 사람들이었습니다. 성령이 말하게 하셨지만, 말하기 시작한 것은 사람들이었습니다. 이것이 중요합니다. 방언으로 말하기를 시작하려면 어떤 언어든지 여러분의 입에 임하는 언어를 가지고 하나님을 찬양하며 높이십시오. 여러분 머릿속에서 기도문을 만들지 말고 여러분의 가슴, 즉 영에서 우러나오는 기도를 하십시오. 무엇을 기도할까 생각하며 기도하지 마시고 여러분의 가슴에서 우러나오는 기도를 입으로 풀어 놓으십시오. 여러분의 입술을 성령께 맡기면 성령께서 혀를 주장하기 시작하십니다. 그래서 우리가 하는 말이 아니고 성령께서 주장하시는 대로 말이 나오기 시작하는데, 처음에는 어린아이가 말을 배우는 것처럼 들립니다. 처음에는 '아라라라라라…' 이런 식으로 나옵니다. 그러나 한참을 하다보면 방언이 더 풍성해지는 것을 경험하게 될 것입니다.

미국 리전트 대학 신학교의 로드만 윌리엄스 교수님에 의하면, 방언은 언어가 아니라고 합니다. 정식 언어라면 주어, 동사, 목적어, 이런 식의 문법적 체계를 갖추고 있어야 하지만, 방언에는 그런 것이 없다는 것입니다. 방언은 영혼의 신앙적 표현이라고 그분은 말씀합니다. 저도 이 말씀에 동의합니다. 우리 영혼 속에 주어지는 성령의 감동을 음성을 빌어서 표현하는 것입니다. 그렇기 때문에 방언 통변을 할 때, 방언이 길다고 해서 통변도 길 필요는 없고, 방언이 짧다고 해서 그 내용도 짧은 것은 아닙니다. 똑같은 말을 되풀이하고 있다고 해서 내가 똑같은 말을 하고 있다고 생각해서는 안 됩니다. 방언에 대해서는 다음에 다시 논하도록 하겠습니다.

성령세례를 구하는 기도

"하나님 아버지, 이 시간에 아버지 앞에 나아갑니다. 예수께서 저를 모든 죄와 심판에서 구원하심을 감사드립니다. 이제 구하오닌 성령을 저에게 부어주시옵소서. 예수님, 지금 저에게 성령으로 세례를 주옵소서. 지금 이 순간 성령을 믿음으로 받아들입니다. 성령을 환영합니다. 하나님의 기름 부음과 영광과 권세가 저의 삶에 충만히 임하게 하옵소서. 이제 주시는 성령의 능력으로 주의 일을 섬기게 하옵소서. 저를 성령으로 충만케 하심을 감사하며 예수님의 이름으로 기도드립니다. 아멘."

오순절 운동과 은사주의

베드로가 열 한 사도와 같이 서서 소리를 높여 가로되 유대인들과 예루살렘에 사는 모든 사람들아 이 일을 너희로 알게 할 것이니 내 말에 귀를 기울이라 때가 제 삼 시니 너희 생각과 같이 이 사람들이 취한 것이 아니라 이는 곧 선지자 요엘로 말씀하신 것이니 일렀으되 하나님이 가라사대 말세에 내가 내 영으로 모든 육체에게 부어 주리니 너희의 자녀들은 예언할 것이요 너희의 젊은 이들은 환상을 보고 너희의 늙은이들은 꿈을 꾸리라 그 때에 내가 내 영으로 내 남종과 여종들에게 부어 주리니 저희가 예언할 것이요 또 내가 위로 하늘에서는 기사와 아래로 땅에서는 징조를 베풀리니 곧 피와 불과 연기로다 주의 크고 영화로운 날이 이르기 전에 해가 변하여 어두워지고 달이 변하여 피가 되리라 누구든지 주의 이름을 부르는 자는 구원을 얻으리라 하였느니라

_사도행전 2장 14-21절

오순절 운동의 역사적 의미

제가 이제껏 목회를 하면서 경험한 것은, 교계에 성령의 은사에 대하여 많은 논쟁과 이견이 있다는 사실

입니다. 그러나 하나님이 행하시는 일은 우리의 생각보다 더 큽니다. 하나님이 얼마나 크신 분이지 알지 못하기 때문에 우리는 서로 다투는 것입니다. 우리가 하나님의 크심과 위대하심을 조금이라도 알게 된다면 이러한 논쟁들이 얼마나 소모적이고 무익하고 미시적인가를 깨닫게 될 것입니다.

전 세계적으로 예수 그리스도의 복음은 폭발적인 능력으로 전해지고 있고 교회는 성장·부흥하고 있습니다. 요즘 우리나라에서 교회 성장이 둔화되었다는 소리를 하지만 이것은 미시적인 안목이며, 전 세계적으로는 교회의 불황을 찾아볼 수 없습니다. 죄인은 날이 갈수록 많아지기 때문입니다. 예수님이 의인을 부르러 오신 것이 아니고 죄인을 부르러 온 이상, 교회는 쉴 수가 없고 할 일이 많을 수밖에 없습니다.

그런데 부흥하고 있는 교회에는 공통적인 현상이 있습니다. 이 현상의 첫 번째 특징은 이러한 교회들이 하나같이 보수적인 신앙을 가지고 있다는 것입니다. 자유주의 신학으로는 교회가 발전할 수 없습니다. 보수적인 신앙이란 성경 말씀을 하나님의 말씀으로 받아들이는 것입니다.

두 번째 특징은 복음주의입니다. 복음주의란 예수 믿고 구원받으라는 복음을 선포하는 것입니다. 교회가 전해야 할 말씀이 많습니다. 사회 공의, 평등, 정의, 인권, 민주, 자유 등 많은 것에 대해 말할 수 있지만, 그중 가장 중요한 메시지는 예수 믿고 구원받으라는 메시입니다.

세 번째 특징은 성령 운동하는 교회입니다. 교회 성장학을 가르치는 피터 와그너 교수가 한국에서 교역자를 대상으로 세미나를 인도했습니다. 그는 지금 남미 지방에 가면 가톨릭 신자가 개신교, 특히 오순절이나 은사주의적인 교회의 신자로 옮겨가고 있고, 이런 교회가 부흥하고 있다는 말을 했습니다. 여기에는 몇 가지 이유가 있습니다. 먼저 신학적인 이유로, 가톨릭교회는 귀족적인 반면에 오순절 교회는 서민적이기 때문입니다. 여기서는 고등 교육을 받지 않아도 하나님을 믿으면 목회자가 될 수 있는 길이 있습니다. 민중에게 가까이 다가가고, 그들의 문제에 다가가고, 하나님을 경험하게 하기 때문에 많은 사람들이 오순절 교회로 넘어온다는 것입니다. 또한 하나님께서는 그러한 교회들을 통해 여러 가지 기적을 행하신다고 합니다. 아프리카에는 선교사들이 세운 교회가 아닌 아프리카 사람들이 세운 교회들이 엄청난 부흥을 일으키고 있습니다.

제가 대학 시절 여러 군데의 교회를 옮겨 다닌 적이 있었습니다. 그러다가 정착한 교회가 초교파 은사주의 교회였습니다. 이 교회의 청년들이 제일 뜨겁고 헌신적인 사람들이었습니다. 저는 이 교회에 다니면서 수많은 유혹과 시험을 이길 수 있는 능력을 받을 수 있었습니다.

성령은 항상 교회와 함께했습니다. 성령이 교회를 떠나신 적은 없습니다. 그러나 성령의 은사는 20세기에 들어와서 재발견되었습니다. 그리고 성령세례에 대한 인식을 새롭게 하였습니다. 그래서 이것을 역사적인 사건이라고 부르는 것입니다.

우리나라에 복음이 들어온 지는 100년 정도밖에 되지 않습니다. 그래서 우리의 경험은 제한적입니다. 그러나 교회사는 2천 년입니다. 2천 년의 교회사를 살펴보면, 초대 교회 시절부터 300년까지는 성령의 은사가 있었습니다. 그러나 300년 이후에는 은사가 서서히 사라졌습니다. 교회는 점차로 암흑시대에 접어들었고 종교개혁을 계기로 구교와 신교로 분리되었습니다. 그러다가 웨슬리의 부흥 운동과 미국의 대각성 운동을 거치면서 20세기에 이르러 1901년 1월 1일에 미국 캔자스 토피카에서 방언이 터져 나왔습니다. 이 사건을 계기로 미국에 은사주의 오순절 운동이 일어나게 됩니다. 이 물결은 1906년 로스앤젤레스 아주사 거리에서 성령의 역사로 이어지고 전 세계로 퍼지게 됩니다.

성령은 교회를 떠난 적이 없으나 은사는 그동안 사장되었다가 20세기에 들어와서 회복되었습니다. 교회가 항상 하나님의 은혜를 경험한 것은 아니었습니다. 그동안 교회가 쇠퇴한 적도 있었고 타락하기도 했으며, 오랜 세월 동안 복음을 듣지 못하고 미신화·귀족화되고, 교권주의에 사로잡혀 있을 때도 있었습니다. 하나님께서 이제까지 해오신 일은 타락한 교회를 회복시키는 일이었습니다.

교회사에서 아주 중요한 사건 중 하나로 중세의 종교개혁을 들 수 있습니다. 종교개혁이 이룬 것은 말씀을 회복한 것입니다. 그 이전에는 교회가 말씀 중심보다는 성례전 중심으로 모였습니다. 하나님의 말씀은 평신도가 알아들을 수 없는 라틴어 예배 중에만 선포되었을 뿐이었습니다. 그리고 오직 성례전을 통해 구원받을 수 있는 것으로만 알고 있었습니다. 종교개혁의 가장 큰 성과는 바로 말씀을 회복한 일입니다. 성경 말씀을 그리스도인의 신앙과 삶의 유일한 기준이라고 보았습니다. 마틴 루터는 제일 먼저 라틴어 성경을 독일어로 번역하는 일을 했습니다. 그래서 모든 사람들이 성경을 읽을 수 있게 했습니다.

그리고 사람들에게 설교하는 일을 중시했습니다. 개혁 신앙의 전통은 말씀으로 돌아가는 것이었고, 따라서 개혁 교회의 예배는 설교 중심의 예배가 되었습니다. 우리가 속한 장로교, 감리교 등의 교회는 모두 개혁 신앙에서 비롯된 것이며, 그 예배의 중심은 설교에 있습니다. 모든 부흥사들은 설교가였습니다. 찰스 피니, 무디, 빌리 그레이엄 등은 모두 말씀으로 사람들을 변화시키고 회심시켰습니다. 종교개혁을 통해 하나님께서는 말씀을 회복시키고, 그로 인해 믿음과 구원의 확신을 갖게 하셨습니다. 이것이 종교개혁의 중요한 열매입니다.

그렇다면 20세기 오순절 은사주의 운동의 가장 중요한 결과는 무엇일까요? 바로 성령 은사의 회복에 있습니다. 종교개혁이 말씀을 회복했다면, 오순절 운동은 성령의 능력을 회복했습니다. 2천 년 교회사를 보았을 때 제일 먼저 없어진 것이 성령의 은사입니다. 초대 교회에는 엄청난 능력이 있었습니다. 베드로가 "은과 금은 내게 없거니와 내게 있는 것으로 네게 주노니 곧 나사렛 예수 그리스도의 이름으로 걸으라" 하고 말했더니 앉은뱅이가 일어나 걸었습니다. 죽은 사람이 살아나고, 은사가 나타났습니다. 이 능력은 사도들뿐 아니라 사도들의 가르침을 받은 제자들에게도 나타났습니다. 그러나 시간이 지나면서 교회가 정착이 되고 기독교가 로마의 합법적인 국교로 승인이 되면서 점차적으로 교회 안에서 능력이 사라지게 되었습니다. 말씀이 사라졌습니다. 말씀보다는 예식을 중요시하게 되었습니다. 그래서 종교개혁 때 하나님께서 제일 먼저 말씀을 회복하셨고, 20세기 오순절 운동의 역사적 의미는 초대 교회에 있었다가 사라진 성령의 능력을 회복한 것입니다.

이른 비와 늦은 비

> 시온의 자녀들아 너희는 너희 하나님 여호와로 인하여 기뻐하며 즐거워할찌어다 그가 너희를 위하여 비를 내리시되 이른 비를 너희에게 적당하게 주시리니 이른 비와 늦은 비가 전과 같을 것이라
>
> _요엘 2장 23절

이 말씀은 오순절 운동이 일어나게 되면서 지도자

들이 이 운동의 의미와 정당성을 발견하기 위해 제일 먼저 인용한 말씀입니다. 성경에서 비가 상징하는 것은 성령입니다. 그렇다면 이른 비와 늦은 비는 무슨 의미일까요?

중동에서는 보리나 밀을 가을에 심고 봄에 추수합니다. 그래서 처음 심었을 때 내리는 비를 이른 비라 하고, 봄 추수 때를 대비해서 내리는 비를 늦은 비라고 했습니다. 오순절 지도자들은 복음이 제일 먼저 심겨졌던 초대 교회 시대에 하나님께서 부어주신 성령을 이른 비라고 불렀고, 예수께서 재림하시기 전 20세기 초반에 부어주시는 성령의 능력을 늦은 비라고 합니다. 그들은 이 말씀을 통해 예수 그리스도의 재림이 가까웠음을 알렸습니다. 이것이 오순절 운동의 역사적인 의미입니다.

종교개혁자들은 대부분이 신학자이자 박사였습니다. 반면에, 오순절 운동의 창시자들은 세상적으로 지혜로운 사람들이 아니었습니다. 윌리엄 시모어라는 사람은 아주사 거리에서 거의 매일 3년 동안 집회를 했습니다. 이 집회를 통해 전 세계에서 수십만 명의 사람들이 은혜를 받고 성령세례를 받았습니다. 이분은 흑인이고 한쪽 분이 보이지 않았으며 글만 겨우 읽을 수 있는 무식한 사람이었습니다.

그러나 세상의 미련한 것들을 택하사 지혜 있는 자들을 부끄럽게 하시고, 세상의 약한 것들을 택하사 강한 것들을 부끄럽게 하시는 하나님의 섭리에 의해서, 가장 무식하고 연약한 사람들을 통해서 강한 자가 꿈꿀 수 없었던 놀라운 역사를 행하셨습니다.

오순절 운동의 특징 가운데 하나는 이 운동이 시작된 곳이 소외된 계층이었다는 것입니다. 흑인들, 가난한 자, 힘없는 자들 가운데서 시작되었습니다. 오순절 교인들이 받았던 핍박은 신학적인 핍박인 동시에 문화적인 핍박이었습니다. 예수님께서 마구간에서 태어나신 것처럼, 하나님의 일은 보잘것없는 곳에서 시작됩니다. 그러므로 겉으로만 봐서는 하나님이 하시는 일을 놓치는 경우가 많습니다.

두 번째 특징은, 처음엔 가난한 자들로부터 시작되

었으나 점차 모든 계층의 사람들이 모이게 되었다는 것입니다. 흑인에서 백인으로, 가난한 사람에서 중산층으로 퍼져 갔습니다.

세 번째 특징은, 점점 독립된 교단으로 발전하게 되었습니다. 그래서 지금은 셀 수 없는 교단으로 확장되었습니다.

네 번째 특징은, 그리스도인들, 그중에서도 가장 보수주의적인 신학자들로부터 엄청난 핍박을 받았다는 것입니다. 이것은 모순된 일입니다. 19세기와 20세기에 엄청난 부흥을 주도했던 보수 복음주의자들이 20세기에 일어난 성령 운동을 가장 앞장서서 핍박하는 사람들이 되었습니다. 사울이 다윗을 핍박했던 것처럼 가장 최근에 기름 부음을 받은 사람이, 그 다음에 기름 부음 받은 사람을 핍박하는 일이 일어났습니다. 우리나라에서도 보수적인 교회일수록 성령 운동에 저항하려는 경향이 있습니다. 차라리 진보적인 신학을 하는 사람들은 저항하지 않습니다. 초신자들도 저항하지 않습니다. 가장 오랫동안 믿고 열심히 믿으려고 하던 사람들 중에 성령 운동을 저항하는 일이 발생합니다. 이 것은 모순된 일입니다. 누가 압니까? 지금의 성령 운동하는 사람들도 요 다음에 성령이 하시는 일을 저하하게 될지. 성령은 바람과 같기 때문에 늘 한곳에 머물러 계시지 않으며 한 가지 방법만을 고수하시지 않습니다. 성령이 사용하시는 사람이나 방법은 늘 바뀝니다. 이 사실을 우리가 알고 성령이 하시는 일을 따라가도록 노력해야지, 그게 아니고 성령이 나의 방법을 따라와 주기를 고집하다가는 바리새인들의 실수를 반복할 수 있습니다.

오순절 운동의 특징

오순절날이 이미 이르매 저희가 다 같이 한곳에 모였더니 홀연히 하늘로부터 급하고 강한 바람 같은 소리가 있어 저희 앉은 온 집에 가득하며 불의 혀 같이 갈라지는 것이 저희에게 보여 각 사람 위에 임하여 있더

니 저희가 다 성령의 충만함을 받고 성령이 말하게 하심을 따라 다른 방언으로 말하기를 시작하니라

_사도행전 2장 1-4절

이 말씀이 오순절 운동의 핵심을 나타내는 성경 구절이라고 볼 수 있습니다. 신학자들은 사도행전에서 신학적 기반을 얻을 수 있겠느냐고 반문하지만, 적어도 오순절 운동은 그 신학적 근거를 사도행전, 특히 사도행전 2장에서 찾았습니다.

20세기 오순절 신학의 특징은 성령세례를 받고 나타나는 증거로써 방언을 한다는 점에 있습니다. 그러나 성령세례는 성령의 내재와는 구별됩니다. 모든 사람이 예수를 믿으면 성령이 그 안에 내재하게 됩니다("성령으로 아니하고는 누구든지 예수를 주시라 할 수 없느니라" 고전 12:3). 예수를 구주로 믿게 하는 분은 성령입니다. 그러므로 누구든지 예수 믿고 거듭난 사람에게는 성령이 내재하십니다. 성령세례는 성령의 내재와는 별개의 문제입니다. 모든 그리스도인들 안에 성령이 계시지만

그들이 다 성령세례를 받은 것은 아닙니다. 물을 마시는 것과 물에 빠지는 것이 다르듯이 성령 내재와 성령세례도 다릅니다. 성령세례를 받게 되면 마치 성령의 물속에 내 자신이 뛰어드는 것과 같습니다.

> 나는 너희에게 물로 세례를 주었거니와 그는 성령으로 너희에게 세례를 주시리라
>
> _마가복음 1장 8절

성령세례의 외적 증거로 방언과 성령의 은사가 나타난다는 것이 오순절 신학의 핵심입니다.

20세기 성령 운동의 세 가지 단계 중 첫 번째 단계는, 오순절 운동(Pentecostal Movement)입니다. 오순절 운동은 예수 믿고 거듭나는 것과는 별개의 성령세례를 말하며, 성령세례의 일차적 표징으로써 방언을 말합니다.

두 번째 단계는, 은사주의 운동(Charismatic Movement)입니다. 이것은 성령세례가 두 번째 경험이라는 말을 피하고, "주도 하나이요 믿음도 하나이요 세례도 하나이

요."(엡 4:5)라는 에베소서 4장 원칙을 고수하기 위해, 모든 그리스도인들이 예수를 믿는 순간 동시에 성령세례를 받으나, 성령의 은사가 이후에 잠재적인 차원에서 실제적인 차원으로 나타나는 경험을 강조합니다. 그리고 은사주의 운동에서는 방언이 성령세례의 유일한 증거가 아니라 여러 가지 다양한 증거들 중 하나라고 말함으로써 더 많은 사람들에게 어필할 수 있었습니다.

세 번째 단계는, 제3의 물결(the Third Wave)이라고 하는 것인데, 성령세례라는 말보다는 '성령 충만'이라는 말을 선호하며, 방언을 27가지 영적 은사 중 하나라고 말합니다. 그리고 독립적인 교단을 만들지 않고 원래 소속된 교단에 남아 있습니다. 그러므로 제3의 물결에 속한 사람들 중에는 여러 종교와 종파를 가진 사람들이 많습니다. 제3의 물결은 가톨릭교회에도 영향을 끼쳤으며 모든 기존 교단에 깊은 영향을 끼쳤습니다. 오늘날 우리나라에도 찬양 집회를 하지 않는 교회를 찾기가 힘들고, 성령 운동과 제자 훈련, 혹은 셀 목회를 접목하지 않는 교회를 찾기가 힘든 이유도 바로 제3의 물결의 영향이라고 볼 수 있습니다.

모든 신앙 운동은 소금과도 같습니다. 소금은 음식에 맛을 내지만 그 자체의 모습은 사라지듯이, 신앙 운동은 교회에 새 힘을 주지만 자체의 모습은 사라지는 것이 바람직합니다. 세례 요한이 예수님을 가리켜 "그는 흥하고 나는 쇠하여야 하리라"고 말한 것과 같습니다. 그러므로 이 시대 한국 교회의 사명은 은사주의 교회냐, 어떤 스타일의 교회냐를 분류하려고 하기 보다는 성령에게 순종하고 성령의 인도에 충실한 것이 옳다고 생각합니다. 하나님이 필요하다고 판단하셔서 오순절 운동이니 은사주의 운동이니 이러한 영적 운동을 허락하셨지만, 궁극적으로 하나님이 원하시는 것은 이러한 운동을 고착시키는 것이 아니고, 교회 전체를 강건하게 하는 것입니다.

Chapter
3

우리나라
성령 운동이 범한 실수와
성령 운동이 나아가야 할 길

> 우리나라 성령 운동이 범한 실수와 성령 운동이 나아가야 할 길

신앙의 두 개의 축

신앙에는 두 개의 축이 있습니다. 하나는 체험이라는 것이고 또 하나는 그 체험을 신학화 하는 작업입니다. 모든 신앙생활에는 체험과 체계화 작업이 병행됩니다. 이것은 비단 성령 운동에만 국한되는 것이 아닙니다. 우리가 믿는 하나님은 이론적인 하나님이 아니라 실존하시는 하나님이시기 때문에, 하나님에 대한 지식은 궁극적으로 체험적인 지식이 되어야 합니다. 만약 하나님이 계시지 않다고 한다면 모든 것은 헛된 것입니다. 윤리, 도덕, 올바로 사는 법, 이 모든 것이 다

필요하지만 하나님을 아는 지식이 없다면 헛된 것입니다. 그러므로 하나님에 대한 경험이 아주 필요합니다. 이것을 모르는 사람은 온전히 회심하지 못한 사람이라고 할 수 있습니다.

이제까지 성령 운동이 범한 실수가 있다면, 신앙 체험을 강조한 나머지 신학적인 체계화 작업을 소홀히 여긴 것입니다. 그러다 보니까 많은 사람들의 신앙이 체험 위주, 주관적, 신비주의적, 자기중심적이 되어 버렸습니다. 경험은 했는데, 신학화 작업을 하지 못했습니다. 성경 말씀을 근거로 해석하고 그 의미를 부여하는 것이 신학화 작업인데, 이것은 굉장히 중요합니다. 그렇기 때문에 교회의 사명 중 하나가 가르치는 일입니다. 우리가 교회에서 무엇을 배웁니까? 우리가 믿는 바의 확실성을 성경 말씀을 통해 아는 것이 바로 가르치는 것입니다. 처음에 우리가 신앙을 접한 것은 설교를 통해서입니다. 설교는 선포하는 것입니다.

그러나 일단 복음을 듣고 믿음을 가진 사람은 그때부터 성경 공부를 통해 신앙생활에 대해서 구체적으로 배우게 됩니다. 예수님께서 말씀하시기를, "너희는 가서 모든 족속으로 제자를 삼아… 내가 너희에게 분부한 모든 것을 가르쳐 지키게 하라"고 하셨습니다. 가르치는 목적은 지키게 하기 위해서입니다. 그러므로 교회가 취사선택할 권리가 없습니다. 예수께서 분부한 모든 것을 가르칠 뿐만 아니라 가르쳐 지키게 해야 합니다. 예수님은 영적인 분야에 있어서 귀신 쫓는 것과 죽은 자를 살리는 것과 이적과 기사를 행사하시고 그것을 가르치신 것뿐만 아니라, 사회 윤리적으로 상당히 진보적이라고 여겨지는 말씀도 많이 하셨습니다. 그러나 우리는 어떤 것은 취하고 어떤 것은 외면할 수 있는 권리가 없습니다. 이 모든 것을 가르쳐 지키게 해야 할 책임이 있습니다.

그러나 오늘날 교회의 실태는 그렇지 못합니다. 어느 교회는 보수적이고 어느 교회는 진보적이며, 어떤 교회는 자유신학을 가르치고, 어느 교회는 성령을 강조하고 어느 교회는 교리를 강조합니다. 물론 하나님께서 우리에게 주신 은사는 다를 수 있지만 하나님이 여러 가지 은사를 주셔서 우리로 하여금 보완하게 하는 것입니다. 몸에 여러 지체가 있어서 모든 필요한 기능을 하게 함으로써 사람이 건강한 육체가 되는 것처럼, 하나님께서 우리에게 다양한 은사와 경험을 허락하여 주심으로 해서 교회가 건강해지고 하나님이 주신 모든 말씀을 전할 수 있는 것입니다.

그래서 사도 바울의 글을 보면, 자신이 그리스도의 복음을 '편만히' 전했다고 말하는 구절이 나옵니다(롬 15:19). 이 편만히 전한 복음이라는 표현에서 소위 '순복음(Full Gospel)'이란 말이 나왔습니다만, 편만히 전한 복음이란 어떤 한 부분을 강조한 것이 아니고 두루 전했다는 뜻입니다. 그러나 우리는 불완전한 복음을 전할 때가 많습니다. 믿음을 강조하느라고 행위를 강조하지 않거나, 행위를 강조하느라 믿음을 소홀히 여긴다거나 할 때가 있습니다. 은사를 강조하면서 열매를 소홀히 여기거나, 아니면 반대로 열매를 강조하면서 은사를 소홀히 여기는 것도 편만한 복음을 전하는 것이라고 볼 수 없습니다. 예수님은 그렇게 하지 않으셨습니다. 우리도 그렇게 해서는 안 될 것입니다.

신앙적 경험의 체계화

신학적 체계화는 우리의 주관적 경험을 체계화함으로써, 즉 나만의 주관적 경험을 객관화함으로써 모든 사람이 그것을 이해할 수 있게 만들고 나의 경험에 보편타당성을 부여합니다. 제가 저희 교회에서 간증 집회를 열지 않는 이유는 간증이 주관적인 경험으로 끝나버리기 쉽기 때문입니다. 개인적으로는 참 좋은 일이지만 객관화 하지 못하고 남들에게 똑같은 경험을 강조하게 된다면 거기에는 부작용이 있을 수밖에 없습니다. 하나님은 똑같이 역사하시는 분이 아니시기 때문입니다. 그러므로 간증하시는 분이 경험의 의미를 올바로 해석하지 않으면 호기심을 불러일으킬 수는 있지만 듣는 사람들은 혼동시킬 수 있습니다. 신앙 에세이도 자신의 주관적 경험을 예화로 사용하는데 그치지 않고 전체의 주제로 삼아버리면 독자들을 혼동을 줄 수 있습니다. 특정한 영적 체험을 표준으로 보기 시작하고, 나도 그러한 은혜를 받지 않으면 은혜를 받지 못한 것처럼 은사를 사모하다 오히려 낙심한 사람들이 많습니다.

　예를 들어, 얼마든지 쉽게 방언을 받을 수 있는 사람도 방언을 받지 못하는 경우가 있습니다. 그 이유는 그분이 본 방언하는 분은 굉장히 극적으로 방언을 받았기 때문에, 그렇게 방언을 받아야 제대로 받은 것이라고 생각하기 때문입니다. 구원받는 것도 마찬가지입니다. 사도 바울이 다메섹 도상에서 예수의 부름을 받은 것을 현대 시대에서 찾아서는 안 됩니다. 사도 바울의 다메섹 도상의 사건이 무엇을 의미하느냐를 생각해야 합니다. 신학적인 체계화 작업을 통해서 기독교인의 신비는 인정하지만 신비주의적인 신앙이 아닌, 그러한 균형을 얻게 됩니다.

　신비는 모든 신앙에 반드시 있어야 합니다. 기도, 성경 말씀, 모두 다 신비한 것입니다. 은혜를 받는 경험은 신비한 경험입니다. 그러나 경험을 신앙의 목적으로 삼게 되면 그때부터 신비주의적 신앙이 됩니다. 그것은 바람직하지 않습니다. 왜냐하면 경험은 당시 상황에 따라 얼마든지 달라질 수 있기 때문입니다. 경험이라는 것은 균일화할 수 없는 것입니다. 내가 지금 어디에 와 있는지, 어떤 형편에 있는지에 따라 똑같은 말씀을 들으면서도 크게 감동을 받는 사람이 있고 그렇지 않은 사람들이 있습니다. 그러므로 경험의 다양성을 인정하지 않으면 안 됩니다.

그리고 신학적인 체계화 작업은 우리의 경험과 은사가 교회 공동체에 덕이 되게 합니다. 하나님이 주신 모든 선물은 내 자신이 덕을 받을 뿐만 아니라, 그것을 통해 많은 사람들에게 유익을 주게 되어 있습니다. 은사도 그렇고 경험도 그렇습니다. 그러나 만일 그 경험이 올바른 말씀 위에서 해석되고 이해되지 않는다면 오히려 사람들을 혼동에 빠뜨릴 수가 있습니다. 아주 중요한 원리입니다.

또 하나는 오류에 빠지지 않는다는 것입니다. 그러면 체험이 먼저입니까, 신학화가 먼저입니까? 둘 다입니다. 어떤 분들은 영적인 체험 후에 그것의 의미를 배우게 되는 경우가 있습니다. 오순절 성령 강림 사건은 경험이 먼저였습니다. 그때 사람들은 그들이 술에 취했다 했지만, 베드로가 요엘서에 있는, "말세에 내가 내 영으로 모든 육체에게 부어 주리니 너희의 자녀들은 예언할 것이라…"라는 말씀을 인용하여 그들의 경험을 신학화하면서 설명했습니다. 베드로가 그의 설교 마지막에 덧붙인 말이, 여러분도 예수 믿고 세례 받으면 이 성령을 받게 될 것이라고 했습니다. 120명의 경험이 모든 사람에게 적용될 수 있는 보편타당성 있는 하나님의 은혜로 전달되었다는 것입니다.

반대로, 먼저 신학을 배워 은사가 있다는 것을 알고 나서 경험으로 이어질 때도 있습니다. 그래서 사도 바울이 고린도전서 12장과 14장을 기록한 이유로, "형제들아 신령한 것에 대해서 너희가 알지 못함을 내가 원치 아니하노니…" 하면서 성령의 은사를 알아야 할 필요성과 구해야 할 필요성을 지적하지 않았습니까? 하나님은 우리의 믿음대로 역사하시는 분이기 때문에, 구하고자 하는 믿음이 없으면 그런 역사가 일어나기 힘듭니다. 이것은 은사뿐 아니라 병 고침, 축복, 사명, 선교, 전도, 모든 면에서 마찬가지입니다.

그러므로 먼저 말씀을 통해 믿음을 얻는 것이 필요합니다. 축복에 대한 믿음이 준비되면 하나님은 그 믿음을 그릇으로 여기시고 거기에 축복을 부어 주십니다. 성령에 대한 믿음이 준비된 사람은 그 그릇에 성령을 부어 주십니다. 모든 것이 마찬가지입니다. 이 믿음은 말씀을 들음으로써 생기는 것입니다. 그러므로 체계화 작업이 먼저이고 경험으로 이어지게 되는 경우가 있는 것입니다.

오늘날 일반적으로 교회의 기성세대는 영적인 경험을 하신 분들이 꽤 많다고 봅니다. 그러므로 그들에게는 이미 주관적 경험이 있기 때문에 이제는 신학화 작업이 필요합니다. 반대로 젊은이들 중에는 이러한 경험이 전무한 사람이 많습니다. 그런 기회를 얻지 못했기 때문입니다. 그런 세대를 위해서는 하나님의 신비로움을 경험할 수 있는 장을 마련해 주어야 합니다. 세상의 유혹에 빠지지 않기 위해서는 하나님과 동행하는 것이 더 보람 있다는 것을 경험을 통해 알게 해주어야 합니다. 하나님을 경험할 수 있는 기회를 마련해 주어야 합니다. 그리고 바람직한 영성의 모델을 제시해 주어야 합니다. 이 두 개의 축, 즉 신앙의 경험과 신학적 체계가 병행되어야 합니다. 직접 경험하는 것을 두려워하는 마음은 하나님이 주시는 마음이 아닙니다. 이 두려움을 벗어 버리고 믿음으로 돌아가야 합니다.

성령과 동행하는 삶

구약과 신약에 걸쳐 등장하는 구속사의 전개 과정은 범죄한 인류로부터 멀리 계셨던 하나님께서 점점 더 가까이 오시는 것이라고 설명할 수가 있습니다. 아담과 하와가 에덴동산에서 범죄 하였을 때 그들은 하나님의 임재로부터 단절 당하였습니다. 스스로 하나님을 두려워하여 피했다고 성경은 기록하고 있습니다.

"아담아, 네가 어디 있느냐?"라는 하나님의 질문은 죄로 말미암아 하나님으로부터 멀어질 수밖에 없는 인간의 실존을 단적으로 표현하는 말씀입니다. 죄가 죄를 낳으면서 인류는 하나님께 가까이 나아가기보다는 점점 더 멀어지게 되며, 그나마 아담으로부터 물려받은 하나님에 대한 지식을 잃어버리게 됩니다. 그럼에도 불구하고 기본적인 종교심은 남아 있었기 때문에, 하나님에 대한 계시가 없는 상황에서 인간은 우상을 섬기기 시작합니다. 그것이 죄에 빠진 인류의 현실이었습니다.

어느 누구도 살아 계신 하나님에 대한 올바른 지식을 소유하지 못한 상황에서, 하나님은 아브라함이라는 한 사람에게 당신을 계시하시면서 구속의 역사는 구체적으로 시작됩니다. 바로 창세기 12장에 등장하는 사건입니다. 하나님은 아브라함에게 당신을 계시하시고 아브라함으로 하여금 하나님의 약속을 믿게 하십니다. 그 한 믿음의 사람을 통해서 믿음의 가문을 만드시고, 그 가문을 통하여 믿음의 민족을 만드셨습니다. 이 민족이 바로 이스라엘입니다. 이 민족이 선민이 되어 하나님의 율법을 받고, 제사 드리는 법을 배우며, 여러 사건과 시련을 통하여 믿음을 지키는 훈련을 받게 됩니다. 여기까지가 구약 성경의 줄거리입니다.

선민 이스라엘 백성의 혈통을 통하여 온 인류의 구

세주이신 예수님이 탄생하십니다. 예수님을 통하여 하나님은 당신 자신을 계시하십니다. 예수님께서는, "나를 본 자는 아버지를 보았느니라" 하고 말씀하셨으며, 제자들은, "우리가 그 영광을 보니 아버지의 독생자의 영광이요 은혜와 진리가 충만하더라"(요 1:14)라고 증거하였습니다. 예수님께서는 하나님의 아들이요, 하나님 아버지를 계시하신 분이었습니다. 이제 모든 죄인은 예수님을 통하여 거룩하신 하나님 앞에 나아갈 길을 얻게 되었습니다.

그러나 그 예수님은 떠나가셨습니다. 승천하셨습니다. 승천하시기 전에 주님께서는 성령을 보내 주실 것을 약속하셨습니다. 요한복음 16장 7절에 이렇게 말씀하셨습니다.

> 내가 떠나가는 것이 너희에게 유익이라 내가 떠나가지 아니하면 보혜사가 너희에게로 오시지 아니할 것이요 가면 내가 그를 너희에게로 보내리니

예수님께서 떠나가시는 것이 어떻게 우리에게 유익하다는 것일까요? 그것은 예수님께서 떠나신 다음에 성령을 우리에게 보내 주셔서, 하나님께서 성령을 통해 우리와 함께하시기 때문입니다. 그러므로 구속사의 전개 과정은 하나님으로부터 멀리 떠나간 인간에게 하나님이 점점 더 가까이 찾아오시는 것입니다.

예수님이 승천하신 후 7일 만에 약속하신 성령이 오셨습니다. 이것이 바로 오순절 성령 강림 사건입니다. 구약 시대의 하나님은 예루살렘 성전에만 계시는 분으로 사람들은 알고 있었지만, 때가 차매 하나님의 아들이 사람의 모습으로 오셔서 인류의 죄를 십자가에서 담당하셨고, 성령이 오신 이후에는 성령께서 모든 믿는 자들과 함께 계시고, 모든 믿는 자들의 심령 속에 거하십니다. 이것이 우리가 믿는 신앙의 신비입니다.

그럼에도 불구하고, 그리스도인들 중에는 아직도 구약적으로 생각하는 분들이 많이 있습니다. 하나님은 어떤 특정한 곳에만 계시고, 특정한 사람을 통해서만 역사하신다고 믿는 것은 구약적인 생각입니다. 예수님은 요한복음 4장 21절에 이렇게 말씀하셨습니다.

> 이 산에서도 말고 예루살렘에서도 말고 너희가 아버지께 예배할 때가 이르리라

예수님께서 맺으신 새 언약 안에서 우리가 가져야 할 올바른 믿음은, 하나님은 우리 각 사람과 함께 계시고, 장소나 사람에 구애받지 않고 누구든지 진정으로 신령과 하나님을 예배할 수 있다는 믿음입니다. 이것이 참으로 중요합니다.

수년 전 부활절 특집으로 「뉴스위크」지가 미국에서 성령 운동을 하는 교회에 대한 기사를 썼습니다. 우리는 흔히 서구 사회는 세속화되었고 교회는 쇠퇴하고 있다고 생각하지만, 그럼에도 불구하고 서구 사회에는 지금도 부흥하고 있는 교회들이 있고 하나님의 은혜를 사모하는 사람들이 많이 있습니다. 미국에서도 복음적이며 보수적인 신앙을 지향하고 말씀과 성령을 강조하는 교회들이 부흥하고 있습니다. 이 「뉴스위크」

지의 기사는 성령 운동을 하는 교회의 특징을 설명하면서 이렇게 말하고 있습니다.

'성령 운동하는 교회가 가장 민주적인 교회다.'

저는 그 기사를 쓴 사람이 참으로 영적인 안목이 있는 사람이라고 생각합니다. 그렇습니다. 성령의 은혜를 강조하는 교회일수록 민주적입니다. 성령은 사람이 만든 직분이나 계급이나 제도를 초월하는 분이십니다. 연약한 사람을 들어서 힘 있는 사람을 부끄럽게 하시고, 천한 사람과 멸시받는 사람, 없는 사람을 택하사 있는 자들을 폐하십니다(고전 1:27-28).

"말세에 내가 내 영으로 모든 육체에게 부어 주리니…"라고 말씀하셨는데, '모든 육체'라는 말은 사람이 인위적으로 이제까지 서로를 구별하여 이방인과 유대인, 종과 자유인, 여자와 남자로 나누어 차별하던 것을 성령은 초월하신다는 뜻입니다. 죄인이니 의인이니, 이방인이니 유대인이니, 남자니 여자니 하는 것은 사람이 하는 일이지만, 성령께서는 사람을 외모로 취하거나 차별하시지 않으신다는 것입니다. 그러므로 성령께서 세우신 지도자를 분별하려면 사람의 외적인 조건을 보기보다는 성령을 섬길 수 있는 은사와 능력을 받은 사람을 찾아야 된다는 것입니다. 성령의 은사와 능력을 받은 사람이 하나님께서 일을 맡기시는 사람이란 것입니다.

영적으로 경직되고 생명력을 상실한 교회일수록 사역자가 될 수 있는 길이 어렵습니다. 특수한 신학교를 졸업해야 되고 제도적인 담을 넘어야 됩니다. 이런 것을 구비할 수 있는 사람이 제한되어 있습니다. 그러나 성령의 역사를 강조하는 교회일수록 사역자의 자리에 나아가는 것이 수월합니다. 학력이 부족한 사람이라 할지라도, 하나님이 그 사람을 쓰고 계시다는 것이 인정되기만 하면 얼마든지 사역자가 될 수 있습니다. 여기에는 남녀노소, 빈부귀천이 없습니다. 그런 의미에서 성령의 역사를 강조하는 교회일수록 민주적이라고 말할 수 있다는 것입니다.

주는 영이시니 주의 영이 계신 곳에는 자유함이 있습니다. 아마도 지금 우리 사회가 겪고 있는 시련 중의 하나는 좀더 열린사회, 좀더 자유로운 사회를 만들기 위한 시련이 아닐까 생각해 봅니다. 갈라디아서 5장 16절에 "내가 이르노니 너희는 성령을 좇아 행하라 그리하면 육체의 욕심을 이루지 아니하리라"라는 말씀이 있습니다. 이 한 구절이 참으로 중요합니다. 사도 바울은 성령과 율법을 대조합니다. 우리는 더 이상 율법을 좇는 자들이 아니고, 성령의 법, 곧 자유케 하는 법을 좇는 자라고 역설합니다. 여기에서 사도 바울이 말씀하는 성령은 우리에게 생소한, 신비적인 힘으로서의 성령이 아니고, 인격체로서의 성령, 우리와 함께 계시는 성령, 이미 내가 예수를 구주로 고백할 때 내 안에 역사하시는 성령, 우리로 하여금 예수를 믿게 하시고 의로운 길을 걷게 하시면 열매를 맺게 하시는 성령입니다.

"성령을 좇아 행하라."

굉장히 중요한 말씀입니다. 그리스도인은 성령을 좇아 행하는 사람입니다.

여러분은 그리스도인을 어떤 사람이라고 생각하십

니까? 비그리스도인들은 그리스도인들을 어떤 사람이라고 여기고 있다고 생각하십니까? 적어도 비그리스도인들이 그리스도인을 볼 때에는 담배 안 피우고, 술 안 마시고, 도박하지 않고, 도대체 재미있는 거라고는 하지 않는 사람, 뭔지는 모르겠지만 안 하는 것이 많은 사람을 그리스도인이라고 생각할 겁니다. 그리고 우리 자신도 의롭게, 성령 충만하게 사는 삶이란 '무엇을 하지 않는 삶'이라고 생각할 때가 있었습니다. 이것은 반만 알고 전체를 알지 못하는 것입니다. 여러분, 우리가 중환자실에 가보면 그곳에 누워 계신 분들은 인간의 욕심이 별로 없는 분들입니다. 식욕이 있겠습니까, 성욕이 있겠습니까, 명예욕이 있겠습니까, 무슨 욕심이 있겠습니까? 그러나 그분들이 지금 욕심이 없다고 해서 의로운 사람이 된 것입니까? 그렇지 않습니다. 의로움이란 것은 '욕심의 부재'를 말하는 것이 아닙니다. 갈라디아서 5장 16절 말씀의 순서가 참으로 중요합니다.

"너희는 육체의 욕심을 이루지 말라 그리하면 성령을 좇아 행하게 되리라"라고 말씀하지 않았습니다.

"너희는 성령을 좇아 행하라 그리하면 육체의 욕심을 이루지 아니하리라"라고 말씀하셨습니다.

이 순서가 중요합니다. 먼저 할 일은 성령을 좇아 행하는 일입니다. 그러면 자연스럽게 육체의 욕심을 이루지 않게 됩니다. 그러나 우리는 이것을 거꾸로 생각할 때가 많습니다. 육체의 욕심을 이기려고 애쓰고, 안 하려고 애쓰고, 욕심으로부터 벗어나려고 애쓰면 자동적으로 성령 충만해질 것으로 생각하는데, 그것이 아닙니다. 담배를 끊으려고 애쓰는 분이 성령을 좇아 행하는 사람이 아니라면, 그는 담배 피우고 싶은 욕심을 이기려고 고생하는 사람에 불과합니다. 육신의 정욕을 이기려고 애쓰는 사람이 만일 성령을 좇아 행하지 않는다면, 그 사람은 자신의 욕심과 싸우다 지친 사람에 불과합니다. 먼저 성령을 행해야 됩니다. 그러는 중에 이런 욕심을 벗어 버릴 수 있는 힘이 생기게 되고, 기쁨이 생기게 되고, 그 삶에 하나님의 생명력이 역사하게 됩니다.

그렇다면 성령을 좇아 행한다는 말은 무슨 뜻입니까? 이건 어렵게 생각할 필요가 없습니다. 기도 생활, 예배,

찬양, 말씀, 순종… 이 모든 것이 성령을 좇아 행하는 것입니다. 그리스도인들 중에 기도하지 않는 사람은 없습니다. 식사할 때도 하고, 잠자리에 들기 전에도 하고, 문제가 있을 때마다 기도합니다. 그러나 '기도하는 것'과 '기도 생활을 하는 것'은 다릅니다. 많은 그리스도인들에게는 기도 생활이 없습니다. 규칙적이고 지속적이고 정기적이고 우선순위를 둔 기도 생활이 없는 그리스도인들이 많습니다. 그러나 기도 생활을 하는 사람에게는 많은 유익이 있습니다. 죄를 지었더라도, 그 사람이 죄를 짓고 회개할 때까지 24시간이 초과하지 않습니다. 대부분의 그리스도인들이 영적으로 침체하는 이유는 죄를 짓고 나서 그 죄를 곧바로 회개하지 못했기 때문입니다. 그렇게 되면 점점 정죄감이 쌓이고, 그 정죄감을 극복하지 못하게 될 때 자포자기하게 되고, 하나님이 자신을 멀리 떠났다고 생각하게 되고, 그러므로 스스로 하나님으로부터 멀어지는 것입니다.

정기적으로 기도 생활을 하게 되면 아무리 죄가 많다하더라도, 적어도 그리스도인이라면 하나님 앞에 기도하게 될 때만큼은 자기 자신에게 솔직해지게 됩니다. 자신의 죄를 더 이상 은폐하지 못하고 하나님 앞에 고백할 수밖에 없습니다. 그러므로 죄를 지었더라도 회개하고, 모든 정죄감과 자책으로부터 자유롭게 되기 때문에 그의 신앙은 회복될 수 있습니다. 하나님의 사랑을 다시 확증할 수가 있습니다.

기도 생활, 말씀 생활, 찬양, 예배, 봉사… 이 모든 것은 하나님이 우리에게 계속 부어 주시는 은혜를 누릴 수 있는 방편입니다. 이것이 성령을 좇아 행하는 삶입니다. 어렵게 생각할 필요가 없습니다. 제가 아는 어느 미국의 목사님은 담배를 끊으려고 애를 썼지만, 그것이 사람의 의지로 되는 것이 아니더랍니다. 그러다가 이분이 2주 간 성경 말씀을 집중적으로 공부하는 모임에 참석하게 되었답니다. 아침 먹고 성경 공부하고, 점심 먹고 공부하고… 하루에 세 번씩 2주 동안 계속하여 집중적으로 성경을 공부하는 중에, 어느 날 갑자기 자신이 일주일 이상이나 담배를 피우지 않고 있다는 사실을 깨닫게 되었습니다. 담배를 안 피운 것뿐만이 아니고, 담배를 피울 마음조차 생기질 않더라는 것입니다. 담배를 끊으려고 애쓴 것이 아닙니다. 말씀을 공부하고, 주님의 은혜를 사모하고, 은혜 안에 살다 보니까 그 습관으로부터 자유롭게 되었다는 것입니다. 어디 담배뿐이겠습니까. 우리를 괴롭게 하는 모든 육체의 소욕, 이것 또한 우리가 하나님의 은혜 안에 거하고 성령을 좇아 행하게 될 때 자연스럽게 끊을 수가 있게 되고 자유함을 얻을 수가 있습니다.

현대 심리학이 인간의 내면에 갈등이 존재한다는 것을 발견하기 수천 년 전에 이미 성경은 그 사실을 갈파했습니다.

> 육체의 소욕은 성령을 거스리고 성령의 소욕은 육체를 거스리나니 이 둘이 서로 대적함으로 너희의 원하는 것을 하지 못하게 하려 함이니라
>
> _갈라디아서 5장 17절

그리스도인이라도 그 내면에는 갈등이 있습니다. 사

도 바울도 자신의 내면에 갈등이 있다는 것을 인정했습니다. 솔직하게 고백했습니다. 이것이 그리스도인들의 솔직한 모습입니다마는, 그러나 갈등이 있다는 것과 육체의 소욕에 지배당한다는 것은 천지 차이입니다. 왜 많은 그리스도인들이 하나님을 섬기고자 하는 마음은 있지만 정말로 그 마음의 소원대로 살지 못합니까? 마음속의 갈등 때문에 그렇습니다. 이 갈등을 벗어 버리지 못했기 때문입니다. 그 길을 알지 못하기 때문입니다. 먼저 성령을 좇아 행한다면 육체의 소욕을 이길 수 있는 힘이 생깁니다.

이것은 내면의 갈등을 극복하는 일뿐만이 아니라, 하나님의 지혜를 구하는 데 있어서도 마찬가지입니다. 목회자들이 교회나 교단을 위해 모여서 회의할 때, "우리가 어떻게 하면 교회를 부흥시킬까?" 하며 머리를 쥐어짠다고 해서 좋은 생각이 나오는 것은 아닙니다. 먼저 성령을 좇아 행해야 합니다. 하나님을 예배하고, 찬양하고, 기도하고… 그러는 중에 성령께서 그들에게 지혜를 주십니다. 성령을 좇아 행하는 중에 아이디

어와 비전이 떠오르는 것입니다. 사도행전 13장에 안디옥 교회 선지자, 교사들이 주를 섬겨 금식할 때 성령께서, "내가 불러 시키는 일을 위하여 바나바와 사울을 따로 세우라" 하고 말씀하셨듯이, 그들이 먼저 선교 전략을 쌓기 위하여 애쓴 것이 아니었습니다. 하나님을 섬겼다는 말은 하나님을 예배했다는 말입니다. 그러는 중에 성령께서 그들의 나아갈 바를 지시하셨습니다. 바울의 이방 선교가 태동한 것입니다. 우리도 마찬가지입니다.

'이 사업을 어떻게 하면 더 번창시킬 수 있을까?'

'어떻게 하면 이 문제를 해결할 수 있을까?'

이런 생각으로 고민하기 전에 먼저 하나님께 경배하고 성령을 좇아 행해야 됩니다. 그러는 중에 성령께서 지혜를 주시고, 우리의 눈을 열어 주시고, 깨닫게 하시고, 문을 열어 주시는 것입니다. 이 원칙은 우리 삶의 모든 부분에 적용됩니다. 먼저 성령을 좇아 행해야 됩니다. 먼저 해야 될 일이 있습니다.

너희는 먼저 그의 나라와 그의 의를 구하라 그리하면 이 모든 것을 너희에게 더하시리라

_마태복음 6장 33절

이것이 우리가 마땅히 구해야 할 것이요, 또한 우리 신앙과 삶의 원칙입니다.

안수기도의 의미와 목적

손을 얹고 하는 기도는 보편적으로 목회자만이 할 수 있는 것으로 인식되어 있습니다. 무분별하게 안수하는 것은 교회 질서상 바람직하지 않습니다. 예수님도 항상 손을 얹고 기도하지는 않으셨습니다. 때로는 말씀으로 병을 고치셨습니다. 문둥병자에게, "너희가 가서 제사장에게 몸을 보이라" 하고 말씀만 하셨는데도 그들이 가는 동안에 병이 나았으며 또한, "네 믿음이 너를 구원하였으니 편안히 가라" 하시면서 많은 사람들을 고치셨습니다. 예수님은 어느 한 가지 방법을 고수하지 않으셨습

니다. 그러나 그리스도인들은 어떤 한 방법만이 특별히 효과적인 것처럼 생각하는 경향이 있습니다. 예수님은 순간순간 하나님이 어떻게 역사하기를 원하시는지 알고자 하셨고, 하나님께 영광이 되며 사람들에게 덕이 되는 방법을 택하고자 하셨습니다. 그리고 예수님은 명성을 얻고자 노력하지 않으셨습니다. 오히려 어떤 경우에는 당신이 병을 고치셨다는 사실을 사람들에게 알리지 말라고 당부하기도 하셨습니다.

그럼에도 불구하고 손을 얹는 방식은 예수님이 자주 사용하셨던 방법이며 제자들에게도, "병 든 사람에게 손을 얹은즉 나으리라"(막 16:18) 하고 말씀하셨습니다. 오늘날 안수기도에 대한 혼동과 오해를 잠식시키기 위하여 안수의 성경적 의미를 알아야 합니다.

그렇다면 안수기도의 의미와 목적이 무엇입니까? 첫째로 안수에는 축복의 의미가 있습니다. 유대인 가정에서는 아버지가 자녀를 축복할 때 자녀에게 안수하였습니다. 야곱이 아버지를 속이고 축복을 받으려고 할 때, 그의 팔에다 염소 가죽을 씌운 이유는 아버지

이삭이 아들을 껴안고 기도할 것을 알았기 때문입니다. 에서와 야곱은 쌍둥이 형제였지만, 외모는 사뭇 달랐던 모양입니다. 형 에서에게는 털이 많았지만, 야곱은 털이 없었던 모양입니다. 아버지가 장자를 축복할 때 손을 얹고 할 것을 알았기에, 아버지를 속이기 위해서는 팔을 염소의 가죽으로 꾸밀 필요가 있었습니다. 이후에 야곱이 그의 열두 아들을 축복할 때에도 그들에게 일일이 안수하였습니다. 예수님도 어린아이들에게 안수하시며 그들을 축복하셨습니다. 게리 스몰리라는 분이 창세기를 소재로 쓴 『사랑하며 축복하며(영어 원작 이름은 "Blessing")』라는 책에서, 유대인 가정에서는 의미 있는 접촉이 자녀를 축복하는 데 있어서 필수적임을 지적하였습니다.

두 번째로 안수는 영적인 교제와 연대감의 의미를 담고 있습니다. 모세가 여호수아에게 안수하였더니 하나님의 영이 여호수아에게 충만하게 되었고, 모세의 뒤를 이어서 이스라엘 백성을 지도하는 일을 맡게 되었습니다. 바울이 디모데에게 안수함으로써 디모데에게는 하나님의 은사가 전수되었습니다(딤후 1:6). 그런 의미에서 사도 바울은 디모데에게 아무에게나 경솔히 안수하지 말라고 권고하였습니다(딤전 5:22).

세 번째로 안수는 직분을 위임하는 기능을 가지고 있습니다. 성령이 바나바와 사울을 따로 세울 것을 명하셨을 때, 안디옥 교회 지도자들은 금식하고 그들에게 안수하여 보내었습니다(행 13:1-3). 사도행전 13장 4절은 교회의 안수와 성령의 파송을 동일하게 보고 있습니다("두 사람이 성령의 보내심을 받아"). 사람이 안수함으로써 직분자가 되는 것은 아닙니다. 하나님이 부르심으로써 직분자가 됩니다. 다만 안수는 하나님이 부르셨다는 사실을 교회의 차원에서 인정하고 책임을 맡긴다는 뜻을 담고 있습니다. 목사 안수, 장로 안수, 안수집사 안수는 다 그런 의미입니다.

네 번째로 안수는 치유의 의미를 가지고 있습니다. 예수님은 많은 경우에 친히 환자들의 몸에 손을 대고 그들을 고치셨습니다. 손은 치유를 상징합니다. 우리 옛말에도 '엄마 손은 약속'이라는 말이 있듯이, 사람의 손에는 원래 치유의 능력이 있다고 인식되어 있습니다. 프란시스 맥넛이라는 분이 『힐링(Healing)』이라는 베스트셀러를 썼는데, 그 책에서 저자는 하나의 의학 연구 결과를 소개합니다. 입원하고 있는 환자들이 간호사의 잦은 손의 접촉을 받았을 때와 그렇지 않을 때를 비교해 보았더니, 잦은 손의 접촉을 받은 환자들에게서 치유가 훨씬 빨리 일어났다는 것입니다. 이러한 발표를 인용하면서 저자는 사람의 손에 치유의 힘이 있음을 지적합니다. 저자는 병자를 위해 기도할 때 한 시간에서 두 시간 동안 지속해서 손을 얹고 기도할 것을 권장합니다. 오랜 시간 손을 얹고 기도하는 동안에 치유의 역사가 일어난다는 것입니다. 이것을 소위 기도에 젖게 하는 기도(Soaking Prayer)라고 부릅니다. 병자를 위한 기도는 기도를 시작한 지 15분 정도는 지나야 본격적으로 효력을 발휘하기 시작한다는 말도 있습니다. 그리스도인들은 이런 기도법에 대하여 모르는 부분이 너무 많습니다. 좀더 배우고 연구할 필요가 있다고 생각됩니다.

마가복음 6장 17절에서 18절 말씀을 보십시다.

> 믿는 자들에게는 이런 표적이 따르리니 곧 저희가 내 이름으로 귀신을 쫓아내며 새 방언을 말하며 뱀을 집으며 무슨 독을 마실찌라도 해를 받지 아니하며 병든 사람에게 손을 얹은즉 나으리라 하시더라

  이것이 예수를 믿는 사람에게 따르는 표적이라고 말씀하셨습니다. 여기에서 주님이 말씀하신 유일한 단서는 '나를 믿는 자'입니다. 그 외의 단서는 없습니다. 예수님을 믿는 사람이라면 누구에게라도 적용할 수 있는 말씀입니다. 교역자와 평신도를 구분하지 않았습니다. 신부님과 평신도의 구별이 엄격한 가톨릭교회에서도 신부님이 가까이 계시지 않고 상황이 급박할 때에는, 임종을 앞둔 사람의 영혼을 위해서 누구라고 기도할 수 있도록 허용하고 있습니다. '만인 제사장설'을 믿는 개신교에서는 더욱더, 하나님이 은사를 주시고 사용하시는 사람이라면 공적인 직분이 있지 않더라도 은사에 따라 성도들을 섬길수 있도록 허용해야 될 것으로 생각됩니다.

여러분도 주위에 사랑하는 분들이 병과 씨름하고 있을 때, '나 같은 죄인이 무슨 기도를 할 수 있을까?' 이렇게 생각하지 마시고 마가복음 16장 말씀대로 손을 얹고 기도하시기 바랍니다. 교회의 질서를 존중하는 의미에서 머리에 손을 얹지는 마시고 병자의 손을 붙잡고 기도하십시오. 성령께서 병 고치는 은사를 주실 것을 구하며 기도하십시오. 의인의 간구는 역사하는 힘이 많다고 하였습니다.

성령세례와 방언의 관계

성경 어느 곳에도, "방언을 해야만 성령세례를 받은 것이다"라는 말씀은 없습니다. 그러나 초대 교회 성도들이 성령세례를 받는 순간에 방언을 했다는 기록은 여러 군데에 나타나고 있습니다. 초대 교회 성도들의 경험이 원칙이 되어야 하는가, 아니면 여기에 예외가 있을 수 있는가 하는 것은, 오늘날 신학자들이 열띤 토론을 벌이고 있는 주제입니다.

간결하게 말씀드리면 이렇습니다. 성령세례를 받으면 누구든지 방언할 수 있습니다. 그러나 방언을 해야만 성령세례를 받은 것이라고 단정을 수는 없습니다. 많이 양보를 한 것입니다만, 중요한 것은 이것입니다. 성령세례를 받은 사람에게는 누구든지 방언을 할 수 있는 가능성이 주어졌습니다. 그러나 성령세례를 받았더라도 방언을 못할 수 있습니다. 그리고 방언을 못한다고 해서 믿음이 부족하다고 말할 수는 없습니다.

태어나면서부터 수영을 못하는 체질로 태어나는 사람은 없습니다. 모든 사람은 수영을 배울 수 있습니다. 땅 위에서는 거동이 불편한 사람이라도 물속에 들어가면 오히려 자유로울 수 있습니다. 루스벨트 대통령은 장년이 되어 소아마비를 앓고 휠체어를 타고 다녔습니다. 그러기에 루스벨트 대통령은 서서 찍은 사진이 없습니다. 항상 앉아 있는 모습만을 찍었습니다. 자신의 발로 걷지는 못했지만 물속에서는 오히려 자유롭게 수영할 수가 있었습니다. 그래서 그분은 수영을 즐겼다고 합니다. 태어나면서부터 수영을 못하도록 태어나는 사람은 없습니다. 다만 배울 기회를 얻어야 하는 것입니다.

마찬가지로 그리스도인도 영적으로 거듭나는 순간부터 방언을 하지 못할 체질인 사람은 없습니다. 다 할 수 있습니다. 만일 여러분이 사도행전 1장에 등장하는 120명의 성도와 함께 마가의 다락방에서 기도하고 있었다면, 개인의 신학적 견해나 신앙 스타일에 상관없이 성령이 임하시는 순간 그 120명과 함께 방언을 했을 것입니다. 왜냐하면 성령의 강권적인 역사는 사람의 편견이나 성향을 극복하시기 때문입니다. 고넬료와 그 식구들이 베드로의 설교를 듣던 중 성령을 받았을 때 제일 놀란 사람은 베드로였습니다. 이방인에게도 성령을 부어 주실 것이라고는 기대하지 못했기 때문입니다. 성령의 역사는 베드로의 편견을 극복한 것입니다. 궁극적으로 중요한 것은 성령의 역사입니다. 성령의 역사가 사람의 신학적 견해나 신앙 스타일보다 우선합니다.

그렇다면, '내가 방언을 못하는 이유가 성령이 나에게 역사하시지 않아서가 아니겠는가?'라고 생각할 수도 있습니다. 어떻게 생각하면 바른말같이 들립니다. 그러나 사람이 구원을 받지 못하는 이유가 성령이 역사하시지 않아서일까요? 아니면 복음을 듣지 못했기 때문일까요? 들었어도 마음속에 받아들이지를 못했기 때문일까요?

> 그런즉 저희가 믿지 아니하는 이를 어찌 부르리요 전파하는 자가 없이 어찌 들으리요… 그러므로 믿음은 들음에서 나며 들음은 그리스도의 말씀으로 말미암았느니라
>
> _로마서 10장 14, 17절

예수님의 복음을 들을 기회가 없었기에 구원을 받지 못한 사람들이 많은 것처럼, 성령세례나 병 고침이나 방언에 대하여 들을 기회가 없었기 때문에 방언을 하지 못하는 경우가 있습니다. 성령의 은사에 대한 성경 말씀을 많이 들을 사람일수록 성령의 은사를 경험할 수 있는 가능성이 많아집니다. 믿음은 들음에서 나

오기 때문입니다. 그러므로 우리가 어떤 말씀을 듣는가가 매우 중요합니다.

방언에 대해서 잠깐 살펴봅시다. 고린도전서 14장 2절부터 5절까지의 말씀을 보겠습니다.

> 방언을 말하는 자는 사람에게 하지 아니하고 하나님께 하나니 이는 알아 듣는 자가 없고 그 영으로 비밀을 말함이니라 그러나 예언하는 자는 사람에게 말하여 덕을 세우며 권면하며 안위하는 것이요 방언을 말하는 자는 자기의 덕을 세우고 예언하는 자는 교회의 덕을 세우나니 나는 너희가 다 방언 말하기를 원하나 특별히 예언하기를 원하노라

그리고 이어서 14절, 15절 말씀을 계속해서 읽습니다.

> 내가 만일 방언으로 기도하면 나의 영이 기도하거니와 나의 마음은 열매를 맺히지 못하리라 그러면 어떻게 할꼬 내가 영으로 기도하고 또 마음으로 기도하며

내가 영으로 찬미하고 또 마음으로 찬미하리라

 사도 바울은 방언을 영으로 하는 기도라고 설명하고 있습니다. 여기서 우리는 성경적 인간관을 생각할 필요가 있습니다. 인간은 몸과 혼과 영으로 되어 있습니다. 영과 혼을 서로 구별되었습니다. 인간의 생각하는 기능인 마음은 혼에 속한 것입니다. 사도 바울은, "내가 마음으로 기도하고 영으로 기도하고 또 마음으로 찬양하고 영으로 찬양한다"고 하면서 영과 마음으로 하는 찬양과 기도를 구별해 놓고 있습니다. 그렇습니다. 우리가 보통 한국말로 기도할 때는 마음으로 기도하는 것입니다. 우리의 의식과 지성을 통해서 기도하는 것입니다. 그러나 때로는 우리의 영을 통해서 기도하는 것입니다. 그러나 때로는 우리의 영을 통해서 기도할 때가 있습니다. 그것이 바로 방언의 역할이라는 말씀입니다.

 우리가 간혹 기도하기에는 감정적으로 너무 침체되어 있을 때가 있습니다. 우울함이나 두려움, 원망 같은 것으로 인해 마음이 침체되고 혼동되어 있을 때가 있습니다. 그런 상태에서도 우리는 기도할 수 있습니다. 우리의 영을 통해 기도할 수 있습니다. 마음은 혼란스러울지라도, 여러분의 영을 성령 안에서 얼마든지 하나님의 뜻을 좇아서 기도할 수 있습니다. 영으로 기도하면서 하나님의 승리와 돌보심을 다시 확인할 수 있고, 그럼으로써 침체된 감정과 혼란스러운 마음을 회복하고 우리의 믿음을 일으킬 수가 있다는 것입니다.

많은 성도들은 영으로 기도하는 훈련이 되어 있지 않기 때문에 기도의 문이 닫힌 상태에 있습니다. 우리가 지쳐서 기도할 수 없더라도 영으로 얼마든지 기도할 수 있고, 그리고 영으로 기도하는 동안에 우리의 마음을 회복시킬 수 있습니다. 이것이 우리에게 주어진 무기입니다. 그러므로 고린도전서 14장 4절에, "방언을 말하는 자는 자기의 덕을 세우고…"라는 말씀에서 덕을 세운다는 말은 영어로 edify, build, 즉 건축한다는 뜻을 가지고 있습니다. 자기의 영을 집을 짓는 것처럼 강건하게 세울 수 있다는 것입니다. 얼마나 좋은 도구인지 모릅니다.

저는 방언을 오랫동안 하면서도 그 역할을 잘 몰랐습니다. 그러나 방언을 효과적으로 사용하는 분들을 보면서 제 자신도 방언의 중요성을 점진적으로 인식하게 되었습니다. 오랄 로버츠라는 미국 목사님은 매년 ICBM(International Charismatic Bible Ministry. 국제은사주의 성경사역협회)이라는 목회자 집회를 개최합니다. 오클라호마 주 털사 시에서 4, 5천 명의 목회자들을 모아 놓고 집회를 하는데, 이 집회의 테이프를 제가 입수해서 듣다가 아주 놀란 적이 있습니다. 오랄 로버츠 목사님이 설교를 하는 중에 회중에 앉아 있던 한 청년이 일어나서 큰소리로 목사님에게 항의하기 시작했습니다. 한번 상상을 해보십시오. 설교 도중에 어떤 청년이 일어나서, "당신이 하는 일은 잘못됐습니다! 물러나시오!" 하면서 시위를 하는 겁니다. 예배 시간에 이런 돌발 사태가 발생하자 예배 분위기가 삽시간에 술렁거리기 시작했습니다. 그런데 오랄 로버츠 목사님은 침착을 잃지 않고 잠시 침묵하다가, "여러분, 우리 다 같이 영으로 기도합시다" 하면서 큰 목소리로 방언 기도를 하기 시작했습니다. 얼마동안 회중과 함께 통성기도를 한 다음 아무 일도 없던 것처럼 중단했던 부분부터 설교를 다시 시작해서 끝내셨습니다. 상당히 당황할 수 있는 상황에서 흔들림 없이 은혜스럽게 예배를 끝내시는 것을 보고 많은 감동을 받았습니다. 이 목사님은 70이 넘으신 세계적인 부흥사이지만, 방언의 은사를 하나의 사역의 도구로 사용하시는 것을 볼 수 있었습니다. 어떤 문제가 생겼을 때 방언으로 기도하면서 성령의 인도와 도움을 구하는 숙련된 사역자의 모습이었습니다.

미국 중서부 어느 외딴 시골에 한 농부가 살고 있었다고 합니다. 추운 겨울에 한파가 몰아닥쳤습니다. 미국 중서부의 겨울은 길고 춥습니다. 눈이 오면 때로는 길이 두절되기도 합니다. 바로 이 농부의 집이 눈으로 인하여 주위 동네로부터 두절되고 말았습니다. 기온은 계속해서 떨어지는데 집에 설치된 보일러로는 이 한파에 대처할 수가 없었습니다. 집안의 온도는 계속하여 떨어집니다. 주위에 도움을 구하러 나설 수도 없습니다. 이제 꼼짝없이 얼어 죽게 생겼습니다. 그런데 이 농부는 성령 충만한 그리스도인이었습니다. 그래서 하나님께 간절히 기도를 시작했답니다. 하나님의 도움을 구하면서 방언으로 기도하는 중에 자신의 방언을 통변하게 되었습니다. 자신의 입에서, "지난여름 너의 집 정원에 물을 뿌릴 때 쓰던 호스를 어디 두었느냐?" 하는 말이 나오더랍니다. 그 말씀에서 지혜를 얻어 호스를 수도에 연결하여 집 밖으로 끌고 나가 지붕과 바람벽에 물을 뿌리기 시작했습니다. 날씨가 몹시 추운데 물을 뿌리니까 어떻게 되었겠습니까? 물을 뿌리자마자 꽁꽁 얼어 버렸습니다. 지붕과 벽이 온통 얼음으로 둘러싸이고 말았습니다. 그랬더니 이제까지 계속 떨어지던 실내 온도가 다시 올라가기 시작하더라는 겁니다. 이것은 어떤 원칙에 의한 것입니까? 바로 이글루의 원칙입니다. 북극의 에스키모들은 얼음으로 만든 집 속에 삽니다. 그러나 얼음집 속은 따뜻합니다. 왜냐하면 얼음이 방한과 보온의 역할을 하기 때문입니다. 이 농부는 그 원칙을 모르고 있었지만, 그가 성령으로 기도하는 중에 한파를 이기고 생존할 수 있는 지혜를 얻었습니다. 그 결과 죽지 않고 살 수 있었습니다. 이것이 방언을 통해 얻은 하나님의 지혜였습니다.

어떤 위급한 상황이 발생했을 때, 성령 충만한 그리스도인들은 그렇지 못한 그리스도인들보다 훨씬 더 신속하고 효과적으로 반응한다는 연구 결과가 있습니다. 성령 충만한 사람이 똑똑해서 그런 게 아닙니다. 위급한 상황에서도 성령을 의지하고 성령께서 주시는 지혜를 얻을 수 있기 때문이라는 것입니다. 충분히 있을 수 있는 일입니다.

오랄 로버츠 목사님 같은 분이 목회하면서 방언을 효과적으로 사용하는 것을 보기 전까지 저는 방언이 지극히 작은 은사라고 생각했습니다. 정말 큰 은사는 기적을 행한다던가, 죽은 사람을 살린다던가, 죽을병에 걸린 사람을 일으키는 것이라고 생각했는데, 로버츠 목사님으로부터 배운 것은 방언이 다른 은사들을 풀어 놓을 수 있다는 것이었습니다. 어떤 문제를 만났을 때 방언으로 기도하면 그 문제를 극복할 수 있는 지혜가 떠오르며, 우리 자신의 방언을 통변함으로써 하나님의 음성을 들을 수 있다는 것이었습니다. 뿐만 아니라, 때에 따라 주시는 다른 은사들도 방언으로 기도하는 중에 나타난다는 것입니다. 성령의 은사에 대한 지식이야말로 이론적인 방법만으로는 알수 없는 지식입니다. 성령의 은사를 활용하는 그리스도인과 가까이 하면서 직접 보고 경험하지 않으면 알 수가 없습니다. 그러기에 엘리사는 엘리야를 가까이 쫓아다니면서 엘리야의 영력과 사역을 본받게 되었고, 예수님의 제자들도 예수님과 함께 생활하면서 예수님의 사역을 본받게 된 것입니다. 많은 그리스도인들은 방언을 받았지만, 방언의 유익함을 확신하지 못하거나 방언을 제대로 사용하는 법을 모르기 때문에 좀더 풍성한 신앙생활을 하지 못한다고 생각됩니다.

방언이란 단어의 헬라어 원어는 '글로살라리아'인데, 이 말은 '혀'라는 의미를 갖고 있습니다. 야고보서에 있는 말씀처럼, 혀는 지극히 작은 지체지만 큰 것을 자랑한다고 했는데, 성령이 우리에게 충만히 임하시면서 제일 먼저 주장하기 시작하시는 것이 바로 우리의 혀입니다. 그래서 방언이 터져 나오는 것입니다. 방언은 성령께서 우리의 혀를 주장하시는 겁니다. 혀는 지극히 작은 지체이지만 성령께서 우리의 혀를 주장하시게 될 때 엄청나게 큰 역사가 나타날 수 있습니다.

그러면 방언을 못하는 분이 방언을 받으려면 어떻게 해야 될까요? 제가 1987년에 오클라호마 주 털사 시에서 열리는 어느 부흥회에 참석을 했는데, 그 집회의 강사들 중에 찰스와 프란시스 헌터라는 부부 목사님이 계셨습니다. 이 부부는 특별히 신유의 은사로 유명한 분들입니다. 이분들이 방언받기를 소원하는 교인들을 위해서 기도하시는 장면이 참으로 인상적이며 교훈적이었습니다. 방언받기를 원하는 사람들 수백 명을 따로 모아서 동시에 기도를 시키는데, 전혀 어려워 보이지 않았습니다. 목사님도 어렵게 여기지 않았고, 교인들도 어렵게 여기지 않는 것을 보았습니다.

첫 번째 단계로, "구하라 그리하면 주실 것이요…"라는 말씀을 상기시키면서, "너희가 악할지라도 좋은 것으로 줄줄 알거든 하물며 너희 천부께서 성령을 너희에게 주시지 않겠느냐?" 하는 이 말씀을 근거로 해서 하나님께 성령을 구하라는 겁니다. 그러면 하나님께서 주실 것입니다. 그리고 두 번째는 받은 줄로 믿고 입을 열어 소리를 내라는 것입니다. 방언을 하는 것은 성령이 아니고 사람이기 때문입니다. 사람이 말하기를 시작해야 방언이 터져 나온다는 것입니다. 그러므로 입을 열어 하나님을 찬양하기 시작하는데, 단 아는 언어로 하지 말고 모르는 언어로써 영혼으로부터 우러나오는 말을 하기 시작하라는 것입니다. 아는 언어로 기도를 하면, 그것은 아직도 마음이 주도권을 잡고 있다는 증거입니다. 어쨌든 그렇게 해서 수백 명에게 동시에 방언을 받게 하는 것을 보았습니다.

방언은 마음으로 하는 말이 아니고 영으로 하는 말입니다. 방언을 하기 위해서는 마음이 언어의 주도권을 잡게 하지 말고 영이 주도권을 잡게 해야 합니다. 그리고 자신이 하는 말을 너무 의식하면 안 됩니다. '지금 내가 무슨 말을 하고 있나? 내가 어찌 이런 부끄러운 말을 할 수 있는가? 이것은 내가 만들어 내는 말이 아닌가?' 하는 생각을 버려야 합니다. 그러는 중에 성령께서 여러분의 혀를 주장하셔서, 처음에는 여러분 스스로가 말을 만들어내는 것 같지만, 시간이 갈수록 이것은 여러분이 하는 말이 아니라 성령께서 여러분의 혀를 주장하시는 것이라는 사실을 느끼게 되실 것입니다.

성령세례, 특히 방언 받는 것은 지극히 단순한 일입니다. 그러나 자기 고집이 강한 사람들은 받기가 아주 힘듭니다. 사실 자기 고집이 강한 사람은 어떤 은혜도 받기가 힘듭니다. 내 마음을 비울 줄 아는 사람이 은혜를 받을 수 있습니다. 그리고 간절히 사모하는 마음이 있어야 합니다. 흔히 신앙 수련회에 참석하는 분들은 마지막 집회 시간에 방언을 받는 경우가 많습니다. 그 이유는 그 시간이 마지막 기회인고로 어느 때보다도 간절한 마음으로 참여하기 때문입니다.

이어서 방언 통변에 대해서 생각해 보도록 합시다. 통변은 무슨 은사며, 어떻게 역사를 합니까? 방언은 하는 사람도 못 알아듣고 주위 사람도 못 알아들으며,

오직 하나님만 알아들으십니다. 그러나 통변은 방언의 내용을 알아듣는 언어로 통역하는 은사입니다. 제삼자가 나의 방언을 통변할 수도 있고, 내 자신이 나의 방언을 통변할 수도 있습니다. 미국 리젠트 신학 대학의 로드만 윌리엄스 교수에 의하면, 방언은 인간 식의 언어 체제가 아니라고 합니다. 다시 말하면, 주어가 있고 동사가 있고 목적어가 있는 그런 문법 체계가 아니라는 것입니다. 많은 분들이 방언할 때 똑같은 소리를 되풀이하는 것에 대하여 의구심을 갖는데, 그것은 방언의 성격을 모르기 때문입니다. '라라라라'만 되풀이하더라도 그것은 훌륭한 방언입니다. 방언 통변은 단어 하나하나를 번역하는 것이 아니고, 그 방언을 통해 성령이 주시는 깨달음을 언어로 옮기는 것이기 때문입니다. 똑같은 소리를 되풀이한다고 해서 똑같은 내용을 말하는 것이 아닙니다. 어쨌든 소리에 대해서는 그다지 신경을 쓸 필요가 없습니다.

우리가 방언으로 기도하다가 무의식적으로 방언에서 한국말로 기도 내용이 바뀌는 때가 있습니다. 그것을 통변이라고 생각하면 됩니다. 아니면 때로는 남이 방언하는 것을 듣는 중에 우리 마음속에 그 사람이 하는 기도의 내용이 깨달아지는 때도 있습니다. 그것도 통변입니다. 아마도 여러분 중에는 이제까지 통변의 은사를 활용하시면서도 그것이 통변인지 몰랐던 분도 계실 것입니다. 하나님의 음성을 듣고 있으면서도 어린 사무엘처럼 그것이 하나님의 음성이었는지를 몰랐던 것과도 같습니다. 그러므로 교사로서 저의 역할은, 이미 하나님께서 여러분에게 주신 것을 깨닫게 하고, 그것을 올바로 이해하고 활용하는 것을 배우도록 하는 것입니다. 그러므로 교사의 역할이 참으로 중요합니다. 하나님께서 저에게 주신 사명이 교사입니다. 교사가 없으면 아무리 성령의 역사가 있어도 그것을 분별하고 그 목적과 의미를 깨달을 수 없습니다.

"그것은 이것입니다."라고 설명해 줄 사람이 필요합니다.

믿음의 기도

마태복음 21장 22절에 예수님께서 이렇게 말씀하셨습니다.

> 너희가 기도할 때에 무엇이든지 믿고 구하는 것은 다 받으리라

그야말로 예수님 명의의 신용카드를 우리에게 주신 것과 마찬가지입니다. 그 신용카드를 가지고 우리가 무엇을 사든지 결제가 될 수 있는 놀라운 권세를 주셨습니다. 그렇다고 해서 그 신용 카드를 우리의 정욕을 위해서 쓸 수는 없습니다. 그건 상식적인 차원의 이야기입니다. 그러나 의로운 목적을 위해서, 우리가 정말로 필요하다고 생각되는 것을 믿음으로 구할 때 하나님께서 다 응답하신다는 말씀입니다. 참으로 대단한 말씀인데, 여기에 한 가지 단서가 붙어 있습니다. 믿음으로 기도해야 한다는 것입니다.

믿음이 없이는 하나님을 기쁘시게 못하나니…

그 말씀을 뒤집어 보면, 믿음이 하나님을 기쁘시게 한다는 것입니다. 예수께서는 기적을 행하시기 전에 항상 사람들의 믿음을 확인하기를 원하셨습니다.

"네가 이것을 믿느냐?"

"믿는 자는 하나님의 영광을 보리라고 하지 않았느냐?"

"믿는 자에게는 능치 못할 일이 없느니라."

"내가 이것을 할 수 있음을 네가 믿느냐?"

이와 같은 질문을 하셨습니다. 사람들의 믿음을 먼저 확인하시고 그들의 믿음대로 응답하여 주셨습니다.

믿음에는 두 가지가 있습니다. 첫 번째 믿음은 보편적인 믿음입니다. 이 믿음은 우리로 하여금 구원받고 천국으로 가게 하는 믿음입니다.

"전능하사 천지를 만드신 하나님 아버지를 내가 '믿사오며' 그 외아들 우리 주 예수 그리스도를 '믿사오니'…."

이건 보편적인 믿음입니다. 보편적으로 우리는 하나님께서 모든 사람이 회개하여 생명에 이르기를 원하신다는 사실을 믿고, 하나님은 위대한 의원이라는 사실을 믿고, 하나님은 우리에게 복을 주시고, 평강을 주시고, 성령으로 세례주시는 분이라는 것을 믿습니다.

그러나 두 번째 종류의 믿음은 우리가 당면한 문제에 필요한 특별한 믿음입니다. 그것은 보편적인 믿음이 아니라, 당면한 구체적인 문제를 해결하는 데 필요한 은사적인 믿음입니다. 예를 들어서, 하나님은 모든 사람을 구원하기 원하신다는 사실을 우리가 믿지만, 여기에 있는 이 특정인을 구원하기 원하시는지는 알지 못합니다. 그런 특별한 믿음을 주시기 전까지는 모릅니다. 또한 우리는 하나님이 우리의 병을 치유하실 수 있다는 사실(He can)을 믿지만, 지금 우리 병을 치유하실지(He will)는 알지 못합니다. 후자를 알게 하는 것이 바로 은사적인 믿음입니다. 그러기에 병자를 위해 기도할 때 흔히들, "하나님의 뜻이라면 고쳐 주옵소서"라는 단서를 붙이는 것입니다. 이러한 특별한 믿음은 기적을 경험할 수 있는 믿음입니다.

> 너희에게 겨자씨 한 알만한 믿음이 있었더라면 이 뽕나무더러 뿌리가 뽑혀 바다에 심기어라 하였을 것이요 그것이 너희에게 순종하였으리라
>
> _누가복음 17장 6절

이 구절에서 예수님은 특별한 믿음, 은사로서의 믿음, 기적을 경험할 수 있는 믿음을 말씀하시고 있습니다.

우리는 보편적인 믿음에 대해서는 어느 정도 알고 있지만, 특별한 믿음에 대해서는 잘 모르고 있습니다. 우리는 당면한 문제를 해결할 수 있는 믿음을 개발하는 법을 배워야 됩니다. 하나님이 이러한 믿음을 은사로서 주시기도 하지만, 우리가 그 믿음을 스스로 활용하는 법을 배워야 된다는 겁니다. 그러므로 어떤 특정 기도 제목을 놓고 기도할 때, 마구잡이로 해서는 안됩니다. 효과적으로 기도하는 방법을 배워야 됩니다. 효과적으로 기도한다는 말은 하나님께서 응답하실 수

있는 기도를 한다는 뜻입니다. 훌러 신학교의 찰스 크래프트 교수는 이렇게 주장했습니다. 적어도 하나님의 사람이라면 효과적으로 병자를 위해 기도할 줄 알아야 된다고 말입니다.

믿음으로 하는 기도가 효과적으로 하는 기도입니다. 그러면 어떻게 믿음으로 기도할 수 있습니까? 하나의 상징적인 사건으로서, 여호수아가 이끄는 이스라엘 군대가 가나안 땅에 들어가서 여리고 성을 공략할 때 하나님께서는 여리고 성을 7일 동안 돌라고 명하셨습니다. 그 이유는 여리고 성을 일곱 바퀴 도는 동안 이스라엘 군대로 하여금 기적을 경험할 수 있는 믿음을 개발할 수 있었기 때문입니다. 첫날에는 그 믿음이 없었습니다. 둘째 날에도 없습니다. 그러나 주님의 말씀대로 돌고 도는 가운데에, "하나님께서 이 성을 정말로 우리에게 주셨다. 우리의 힘으로 이 성을 무너뜨릴 수는 없지만, 하나님께서 이 땅을 우리에게 주셨기 때문에, 이제 주님의 말씀대로 순종하기만 하면 7일째 되는 날 우리가 일제히 외칠 때에 이 성이 무너질 것이

다"라는 믿음을 개발할 수 있었을 것입니다. 이처럼 기적을 경험할 수 있는 믿음을 개발하는 데는 어느 정도 시간이 필요합니다. 우리의 기도가 즉시 응답되지 않는 이유가 있다면, 믿음이 구비될 때까지 주님이 기다리시기 때문입니다.

믿음을 고무총에 비유할 수 있습니다. 고무총을 쏠 때 고무줄을 잔뜩 잡아당겨서 그 끝에다 돌멩이를 놓고 탁 쏘면 멀리 날아갈 수가 있습니다. 고무줄이 늘어나서 헐렁해지면 아무데도 쓸모가 없지만, 팽팽하다면 물체를 멀리 날려 보낼 수 있습니다. 이와 같이 믿음으로 기도한다는 것은 믿음의 고무줄을 잡아당기는 것과 같다고 생각할 수 있습니다. 믿음을 우리 심령 속에 고무줄처럼 팽팽하게 잡아당긴 다음에 기도로써 우리의 요청을 주님의 보좌를 향하여 쏘는 것과 마찬가지입니다. 그럴 때에 그 기도가 하나님께 상달되고, 응답이 된다는 겁니다. 이스라엘 군대가 7일 동안 여리고 성을 돈 것은 바로 믿음의 고무줄을 잡아당기는 작업이었다고 할 수 있는 것입니다.

그러면, 믿음을 스스로 불러일으키는 방법은 무엇일까요? 첫 번째 단계로, 우리 마음의 초점을 문제에 맞춰서는 안 된다는 것을 알아야 합니다. 죄가 없는 사람이 없듯이 문제가 없는 사람도 없습니다. 돈 문제, 건강 문제, 사람 문제 등등, 인간의 문제는 인간의 사연이 다양한 만큼이나 다양합니다. 그러나 문제의 속성은 그 문제를 쳐다보면 쳐다볼수록 더 커 보인다는 것입니다. 부부간에도 서로의 불만을 말하기 시작하면 관계가 더 서먹서먹해집니다. 교회에 대한 불만을 말하기 시작하면 마음속에서 교회와 멀어지기 시작합니다. 불만을 생각하고 말하는 것은 별로 득이 되지 못합니다. 불만을 말하는 대신에, "나는 당신과 살아서 이 점이 행복하다.", "나는 우리 교회의 이런 점이 은혜가 된다." 이런 식으로 좋은 것을 말하고 좋은 추억을 말하면 점점 행복해집니다.

부정적인 것을 말하고 생각하면 점점 더 분위기가 위축됩니다. 부정적인 일에 여러분의 초점을 맞추지 마십시오. 부정적인 것은 어차피 이 세상에 쌓이고 쌓였습니다. 신문을 펴보면 부정적인 것이 일면에서부터 사회면까지 가득 찼습니다. 아마 여러분이 예수 안 믿는 동창들을 만나서 대화하실 때 대화 내용에 부정적인 것이 많을 겁니다. 며느리가 속 썩이고 남편이 속 썩이고 아이들이 말 안 듣고 몸무게가 좀처럼 줄지를 않고… 부정적인 얘기들, 전부 다 불평, 불만, 원망, 불신, 이런 것에 초점을 맞추다 보면 문제가 너무 커 보입니다. 감당할 수 없을 것처럼 기가 죽고 위축됩니다. "네 은혜가 네게 족하다"라고 말씀하신 하나님의 풍성한 은혜에 여러분의 기도와 마음의 초점을 맞춰야 됩니다. 그럴 때에야 비로소 여러분의 문제를 해결할 수 있는 믿음이 생기기 시작하는 것입니다.

믿음을 불러일으키는 두 번째 단계는, 우리의 초점을 하나님의 말씀에 맞추어야 한다는 것입니다. 그리스도인이 마음을 비우는 목적은 빈 마음에 하나님의 은혜를 채우기 위함입니다.

우리의 초점을 하나님의 말씀에 맞출수록 우리의 당면한 문제는 작아 보이고 하나님의 능력은 커 보이기 시작합니다. 찬송가 137장 '놀랍다 주님의 큰 은혜'는 J. H. Johnston이란 분이 작사하신 곡인데, 원어의 후렴은 이렇게 되어 있습니다.

"Grace, grace, God's grace, grace that is greater than all our sin."

번역하면, "은혜, 은혜, 하나님의 은혜, 우리의 모든 죄보다 더 큰 하나님의 은혜"라는 뜻입니다. 이것이 복음입니다. 우리에게 죄와 많은 문제가 있지만, 하나님의 은혜는 우리의 모든 죄와 문제보다도 더 크고 위대합니다. 주님의 은혜가 우리에게 족하다는 의미가 바로 이것입니다. 그러므로 믿음의 사람은 그 마음의 초점이 자신의 죄나 문제가 아니라 하나님의 은혜에 가 있어야 합니다. 그럴 때 비로소 모든 문제를 극복할 수 있는 믿음을 얻게 됩니다.

세 번째 단계는, 하나님의 약속의 말씀을 입술로 고백하면서 기도해야 한다는 것입니다. 예를 들어 병자를 위해 기도할 때, 하나님께서 우리의 병을 고쳐 주신다는 성경 말씀을 읽고 묵상하며 고백해야 합니다. 이 구절들을 계속 읽으며 묵상하십시오. 묵상만 하지 마시고 기도할 때 여러분의 입술로 고백하라는 것입니다. 그렇게 하노라면 병 고침에 대한 믿음을 얻게 될 것입니다. 그 믿음을 가지고 기도하면 응답을 얻게 되어 있습니다.

그러고 나서 마지막 단계로, 여러분이 구하는 것을 하나님께 아뢰십시오. 팽팽한 고무줄을 놓는 기분으로 말입니다. 기도 중에 우리가 구하는 것을 하나님께 아뢰는 일은 많은 시간을 필요로 하지 않습니다. 한순간에 이루어집니다.

예수님께서 바디메오에게, "무엇 해주기를 원하느냐?" 하고 물어보셨을 때 바디메오의 간구는 한 문장으로 충분했습니다. "주여, 보기를 원하나이다!"

긴 말이 필요 없었습니다. 우리도 마찬가지입니다. 간구 자체는 많은 시간을 필요로 하지 않습니다. 그렇다면 그 나머지 시간은 왜 필요합니까? 우리의 믿음을 불러일으키는 데 필요합니다. 기도를 시작하는 사람의 마음속에는 많은 염려와 근심이 있습니다. 하나님이 들어주실지, 무엇을 어떻게 구해야 할지, 생각이 복잡

합니다. 그러나 기도를 하면서 점점 초점이 자신의 문제를 떠난 하나님의 은혜에 맞추어지게 되고, 무엇을 구해야 할지를 깨닫게 됩니다. 그리고 자신의 간구를 하나님께서 들어주실 것이라는 믿음이 생기게 됩니다. 그때 비로소 담대함으로 하나님께 구할 것을 아뢸 수 있게 되는 것입니다. 성경에 등장하는 믿음의 사람들의 기도문을 주의 깊게 살펴보면, 그들의 간구가 기도의 맨 마지막에 나오는 것을 발견하게 됩니다. 기도의 초반부에는 하나님은 어떤 분이시고, 하나님은 어떤 약속을 하셨고, 하나님께 그들의 간구가 응답될 수 있는 명분이 무엇인가를 말하고 있습니다.

누가복음 7장 1절부터 등장하는 백부장의 종을 고치신 사건을 예로 들어 봅시다.

> 예수께서 모든 말씀을 백성에게 들려주시기를 마치신 후에 가버나움으로 들어가시니라 어떤 백부장의 사랑하는 종이 병들어 죽게 되었더니 예수의 소문을 듣고 유대인의 장로 몇을 보내어 오셔서 그 종을 구원하시

기를 청한지라 이에 저희가 예수께 나아와 간절히 구하여 가로되 이 일을 하시는 것이 이 사람에게는 합당하니이다 저가 우리 민족을 사랑하고 또한 우리를 위하여 회당을 지었나이다 하니 예수께서 함께 가실쌔 이에 그 집이 멀지 아니하여 백부장이 벗들을 보내어 가로되 주여 수고하시지 마옵소서 내 집에 들어오심을 나는 감당치 못하겠나이다 그러므로 내가 주께 나아가기도 감당치 못할 줄을 알았나이다 말씀만 하사 내 하인을 낫게 하소서 저도 남의 수하에 든 사람이요 제 아래에도 군병이 있으니 이더러 가라 하면 가고 저더러 오라 하면 오고 제 종더러 이것을 하라 하면 하나이다 예수께서 들으시고 저를 기이히 여겨 돌이키사 좇는 무리에게 이르시되 내가 너희에게 이르노니 이스라엘 중에서도 이만한 믿음은 만나보지 못하였노라 하시더라 보내었던 사람들이 집으로 돌아가 보매 종이 이미 강건하여졌더라

_누가복음 7장 1-10절

이 사건에는 기도의 모든 요소가 다 등장합니다. 먼저 인간의 질고가 있습니다. 백부장의 사랑하는 종이 병들어 죽게 되었습니다. 인간의 힘으로는 어떻게 할 수 없는 절박한 상황입니다. 그런 상황에서 예수님의 소문을 듣습니다. 그리고 이 사람들의 초점이 예수님께 맞춰지게 됩니다. 유대인 장로 몇을 예수님께 보내어 간절히 구하기를 시작합니다. 왜 예수님께서 백부장의 종을 고쳐 주시는 것이 합당한가를 설명합니다.

 "이 일을 하시는 것이 이 사람에게는 합당하나이다. 저가 우리 민족을 사랑하고 또한 우리를 위하여 회당을 지었나이다."

  이들의 간구를 들어주실 명분을 찾는 부분입니다. 그리고 백부장이 사람을 보내어 예수님께 직접 간구하는 장면이 나옵니다. 그런데 백부장은 자신이 구하는 것을 말하기 전에 먼저 자신의 믿음부터 말하기 시작합니다.

 "주여 수고하시지 마옵소서 내 집에 들어오심을 나는 감당치 못하겠나이다… 말씀만 하사 내 하인을 낫게 하소서 저도 남의 수하에 든 사람이요 제 아래에도 군병이 있으니 이더러 가라 하면 가고 저더러 오라 하면 오고 제 종더러 이것을 하라 하면 하나이다."

지금 백부장이 예수님께 연설을 하는 것 같지만 사실은 자신의 믿음을 보여 드리는 것입니다. 로마 군대의 장교로서 군병들에게 명하면 그 명대로 순종하듯이, 모든 것을 주관하시는 주님께서 명하시면 병든 하인이 나을 것이라는 믿음입니다.

이 믿음의 고백을 들으신 예수님은, "이스라엘 중에서도 이만한 믿음은 만나보지 못하였노라" 하며 감탄하시지 않습니까? 그리고 백부장의 믿음대로 그 종을 원거리에서 고쳐 주시지 않습니까? 믿음의 기도가 역사하는 원칙을 보여 주는 사건입니다.

하나님의 사람이라면 세 가지 기도하는 법을 배워야 합니다. 첫째는 효과적으로 치유를 비는 기도입니다. 병자를 위해서 기도할 때 100% 낫지 않는다고 할지라도, 10%만 낫는다고 해도 그것은 상당한 것입니다. 나을 때가 되어서 우연히 낫는 것이 아니고, 하나님의 치유하시는 능력이 함께하심으로써-기도의 응답으로써 낫는 것을 경험해야 합니다. 두 번째는 복을 비는 기도를 할 줄 알아야 합니다. 하나님은 복을 주시는 분입니다. 창세기에 이삭이 야곱을 위해서 복을 빌었습니다. 야곱인 줄 알고 빈 것이 아닙니다. 에서인 줄 알았습니다. 속은 채로 복을 빌었습니다. 나중에 에서가 찾아와서, "나를 위해 복을 빌어 주십시오"라고 할 때야 비로소 자기가 속은 걸 알았습니다.

그러나 이미 엎어진 물이었습니다. 한번 복을 빈 것은 취소할 수가 없었고, 비록 에서인 줄 알고 야곱을 축복했지만, 그럼에도 불구하고 이삭의 기도는 유효했다는 것입니다. 대단한 사실입니다. 그만큼 믿음의 사람에게는 축복할 수 있는 권세가 있습니다. 이 권세를 사용하는 법을 알아야 합니다. 세 번째는, 효과적으로 마귀를 대적하는 기도입니다. 성경은, "마귀를 대적하라 그리하면 너희를 피하리라"(약 4:7) 하고 말씀합니다.

모든 그리스도인은 마귀를 대적할 수 있습니다. 하나님의 자녀이며, 그리스도의 권세가 함께하기 때문입니다. 그리스도인이 마귀를 대적하면 마귀가 물러가게 되어 있습니다. 사람이 무서워서가 아닙니다. 예수님의 이름의 권세가 무섭기 때문입니다.

  길에서 교통정리를 하는 교통경찰이 손을 내밀고 "정지!" 했을 때, 10톤이 넘는 육중한 트럭이라도 정지합니다. 그건 순경 아저씨가 그 10톤 트럭보다 힘이 세기 때문이 아닙니다. 10톤 트럭은 얼마든지 그 아저씨를 깔아뭉갤 수 있습니다. 그러나 그렇게 하지 못하는 이유는 그 순경 아저씨가 경찰 유니폼을 입고 있고, 완장을 차고 있고, 방망이와 권총을 차고 있기 때문입니다. 순경 아저씨가 국가의 권위를 위임받았기 때문에, 아무리 큰 트럭이라도 그의 말을 따를 수밖에 없는 것과 같습니다. 마찬가지로 마귀는 우리가 무서워서 도망가는 것이 아닙니다. 우리는 약합니다. 그러나 주님께서 우리에게 주신 권세를 무서워합니다. 이것을 알아야 됩니다. 우리에게 위임하신 예수님 이름의 권세가 얼마나 위대하다는 사실을 믿고 사용할 수가 있어야 됩니다.

기도가 응답되지 않을 때

 기도는 그리스도인의 신앙생활에 있어서 그저 한 부분을 차지하는 것이 아닙니다. 기도 생활이 곧 그리스도인의 신앙생활이라고 말할 수 있습니다. 결국 신앙생활은 주님과 우리와의 교제인데, 이 교제를 알아보려면 기도 생활을 보면 됩니다. 기도 생활이 얼마나 살아 있는가 하는 것이 그 사람의 신앙이 얼마나 살아 있는가를 말해 주는 것입니다. 기도 생활이 없는 사람은 믿음의 명목을 유지할 뿐이지 그 믿음이 살아 움직이는 것은 아닙니다. 기도가 응답되지 않는 사람은 그 기도에 문제가 있는 것뿐만이 아니라 신앙 전체에 문제가 있는 것입니다. 기도의 응답을 얻기 위해서는 신앙 자체부터 바로잡아야 합니다. 그런 의미에서 기도 생활이 곧 신앙생활이라고 말할 수 있는 것입니다.

 예수님도 하나님께 기도하셨고 제자들에게 기도할 것을 명령하셨습니다. 기도는 하나의 권고가 아닙니다. 하나님이 우리의 쓰실 곳을 다 알고 계시지만 그럼에도 불구하고 기도하라 명령하시는 겁니다. 우리의 입술로 우리의 구할 것을 하나님께 아뢰는 것이 필요합니다. 하나님이 모르시는 것이 아닙니다. 아십니다. 그러나 우리가 기도하는 것과 기도하지 않는 것과는 큰 차이가 있습니다.

바디메오가 예수님이 지나가신다는 말을 듣고, "다윗의 자손 예수여 나를 불쌍히 여기소서" 하고 부르짖으니 예수님이 바디메오를 당신 앞으로 부르셨습니다. 그리고 물었습니다. "내가 무엇을 해주기를 원하느냐?"

어떻게 보면 기가 막힌 말씀 아닙니까? 장님이 무엇을 원하겠습니까? 장님이 제일 먼저 원하는 것이 눈 뜨기일 텐데 그러나 예수님은 바디메오가 자신의 입술로, "보기를 원하나이다" 하고 말하기를, 듣기를 원하셨던 겁니다.

목회자가 설교를 해야 되고 하나님께 말씀을 받아야 하는 것은 명백한 이치입니다. 그러나 주님께서는 구할 때 주시는 것입니다.

> 너희가 얻지 못함은 구하지 아니함이라 구하여도 받지 않음은 정욕으로 쓰려고 잘못 구함이니라

구해야 됩니다. 기도해야 되는데 기도 생활이 없던 사람이 신실하게, 규칙적으로, 지속적으로 충실하게 기도 생활을 시작하게 되면, 그의 신앙이 부흥하게 됩니다. 이것은 명백한 이치입니다.

믿음이 침체되어 있던 사람이, '내가 앞으로 30분씩 규칙적으로 기도하리라.' 이렇게 작정하고 그 작정대로 기도 생활을 시작하기만 하면 그의 신앙은 자동적으로 부흥하게 될 것입니다. 왜냐하면 기도하는 사람치고 자신의 죄악을 깨닫지 못하는 사람이 없고 회개하지 않는 사람이 없기 때문입니다. 기도하기 위해서는 회개해야 됩니다. 왜냐하면 회개하지 않은 죄가 있는 상태에서는 기도가 쉽게 되지를 않기 때문에, 남편과 싸운 부인이 남편과 화해하기 전에는 기도가 쉽게 되지를 않고 아내와 싸운 남편, 자녀와 싸운 부모, 부모와 싸운 자녀가 서로 화해하기 전까지는 하나님께

기도가 제대로 나오지를 않기 때문에, 기도 생활을 올바로 하는 사람 치고 올바른 인간관계를 유지하지 않을 수가 없습니다. 이건 명백한 이치입니다. 하나님 앞에 진실하기 위해서는 내 삶의 모든 어두운 부분과 감춰진 죄를 하나님 앞에 낱낱이 아뢸 수밖에 없습니다. 그러므로 그의 신앙이 부흥하게 됩니다.

신앙생활을 처음 시작하는 분들은 아마 거의 다 경험하게 되는 것입니다만, 신앙생활을 처음 시작하는 분들이 공통적으로 경험하는 것이 기도가 쉽게 응답된다는 것입니다. 기도가 잘됩니다. 하나님이 응답하시는 것이 느껴집니다. 왜 그렇습니까? 이제까지 하나님과의 관계가 막혀 있던 사람이 그 관계가 열리기 시작하면 마치 샘물을 막아 놨다가 그 샘물이 다시 솟아나오는 것처럼, 하나님과 우리 사이가 회복되면 당연히 기도가 응답되는 것을 느낄 수밖에 없습니다. 그 이전에는 하나님이 우리의 기도를 듣지 않으시고 하나님과 우리 사이에 높은 담이 있었는데, 그 담이 무너지고 나면 자연스럽게 기도의 응답이라든가, 건강이라든가, 축복이라든가, 평강이라든가, 이런 모든 하나님의 선물이 우리 삶 속에 자연스럽게 흘러들어 오게 되는 것입니다.

그런데 어느 정도 신앙생활을 하다 보면, 처음처럼 기도가 응답되지 않는다는 것을 느끼게 됩니다. 응답이 안 되는 기도도 많습니다. 이 문제를 가지고 고민하는 분들이 많습니다. 아마 여러분들 중에서도, '내가 기도의 능력을 믿지만 기도가 응답되지 않는 부분들이 많이 있다.' 그렇게 생각하고 고민하는 분들이 계실 것입니다. 이것은 무엇을 보여주는가 하면, 이제 주님께서 여러분을 훈련시키고 계시다는 증거입니다. 어린 아이가 처음 태어났을 때는 너무 예쁘니까 달라는 대로 무엇이든 줍니다. 그러나 만일 그 아이가 커 가는데도 계속해서 달라는 대로 주어 버릇하면 그 아이는 뭐가 됩니까? 그야말로 아무짝에도 쓸모없는 아이가 되고 맙니다. 자기중심적이고, 이기주의적이고, 자신의 고집과 자신의 욕심만을 아는 아이가 되기 때문에, 그 아이를 사랑하는 부모는 그 아이를 훈련시키기 위해서라도 오늘 줄 수 있는 것을 일부러 다음 주로 미룰 수가 있습니다. 그것을 통해서 인내를 배우고, 내 뜻대로 안 되는 것이 있다는 것을 깨닫게 만들고, 온유하고 겸손하게 만들기 위해서 줄 수 있는 것도 일부러 미룰 필요가 있을 때가 있습니다.

하나님도 마찬가지입니다. 하나님도 우리를 그저 어린아이처럼 예쁘다고만 하시면서 키우시는 것이 아니라, 이제는 우리를 쓸모 있는 일꾼으로 만드시기 위해서 우리를 훈련시키는 것입니다. 훈련의 과정은 고달픕니다. 아들을 훈련소에 보내신 분들은 아시겠지만 훈련소에서는 일부러 모든 것을 어렵게 만듭니다. 잠도 많이 안 재우고 밥도 많이 안 먹이고 구박하고. 그러나 그것은 그 아이가 미워서가 아닙니다. 훈련시키기 위해, 사람 만들기 위해, 쓸모 있는 군인으로 만들기 위해서 훈련하는 과정이 고달픈 것입니다. 하나님이 우리를 훈련시키는 과정에도 이와 같은 것이 있습니다.

그러므로 이제 기도가 이전처럼 응답되지 않는 부분이 있는데 이것은 어떤 훈련이며, 그 훈련을 통해 하나님께서 이루시고자 하시는 것이 무엇이겠습니까?

바로 자아를 깨뜨리는 겁니다. 자아가 깨지는 과정은 힘듭니다. 고통스럽습니다. 많은 사람들이 몸부림을 치고 주님과 씨름을 합니다. 마치 야곱이 얍복 강가에서 천사와 씨름한 것처럼 많은 그리스도인들의 기도 생활이 하나님과 씨름하는 겁니다.

"내 뜻대로 할 거요, 당신 뜻대로 할 거요? 언제 들어줄 거요? 왜 안 들어주는 거요?"

그렇게 말은 하지 않더라도 하나님과 씨름하는 겁니다. 내 뜻이 관철될 것이냐, 하나님이 하실 것이냐. 기도가 씨름이 되는 한 이 기도는 응답이 되지를 않습니다. 이제는 주님께서 내 뜻이 너의 삶 속에 이루어지기를 원하노라. 그러기 위해서 우리의 욕심과 자아와 고집을 깨뜨려야 합니다. 경건을 자신의 유익의 도구로 생각하는 사람들에게는 이것이 아주 어렵습니다. 다시 말해, 예수님을 믿으면 그저 복 받고 형통할 줄 알았던 사람에게는 놀라운 사실이 될 수 있습니다.

그러므로 복음을 제대로 전하려는 사람은 메시지 전부를 말해 주어야 합니다. 동전에 양면이 있는 것처럼,

예수님을 믿으면 우리가 잘되고 형통하는 부분도 있지만, 우리 자신을 부인하고 십자가를 져야 하는 부분도 있습니다. 이제는 내가 사는 것이 아니고 내 안에 그리스도께서 사는 것이며, 예수님이 여러분의 주님이 되신다는 말은 여러분의 주인이 된다는 말이기 때문에, 이제는 예수님이 여러분의 삶을 다스리십니다. 그러므로 '가라'하면 가고 '오라'하면 올 준비가 되어 있지 않으면 예수를 주님으로 모실 수 없습니다. 그걸 알았더라면 내가 예수를 안 믿는 건데 그렇게 생각하는 분들도 있습니다. 그러나 예수 안 믿고, 예수 떠나가면, 주님 떠나가면, 죄악에 빠질 수밖에 없는 것이고 예수 이외에는 생명이 없습니다. 자아가 깨져야 됩니다.

'이제는 살든지 죽든지 잘되든지 못되든지 흥하든지 망하든지 주님 뜻대로 하옵소서. 나는 주님 것입니다.'

제가 처음 신학교에 가기로 작정했을 때 어떤 분이 독일어로 된 예수님 판화를 복사해 주셨는데, 어떤 사람이 십자가에 달리신 예수님을 끌어안고 있는 그림이 있고 'Ich bin Dein, Du bist mein(나는 주님 것이요, 주님은 저의 것입니다)'라고 씌어 있었습니다.

이게 주님께 항복한 사람의 모습입니다. 나는 주님의 것입니다. 주님의 도구입니다.

주님이 원하는 대로 쓸 수 있는 그런 사람이 되면 이제 우리의 기도가 세 번째 단계로 진입을 하게 됩니다. 그때부터는 기도가 쉬워집니다. 그리고 기도하기 전에 하나님께서 응답하시는 희한한 일이 일어납니다. 이사야 65장 24절에 이런 말씀이 있습니다.

> 그들이 부르기 전에 내가 응답하겠고 그들이 말을 마치기 전에 내가 들을 것이며

옛날에는 기도하고 금식하고 철야해도 응답이 안 됐는데, 내 자아가 깨어지고 하나님께 완전히 항복하고 나니까 내 입술에서 기도가 나오기도 전에 주님께서 들으시고 응답하신다는 겁니다. 기도 생활이 변합니다. 옛날에는 기도가 힘들었습니다. 기도 5분하기가 힘들었습니다. 기도할 거리가 없었습니다. 그런데 자

아가 깨어지고 나면 기도의 언어가 풍성해집니다. 물 댄 동산처럼 내 기도 생활이 변합니다. 기도가 즐거워지고 기뻐지고 깊고 긴 기도를 하나님께 드릴 수가 있습니다. 그리고 그것에 대해 하나님께서 응답하시는 것을 느낄 수가 있습니다. 여러분, 만일 기도가 쉬워진다, 기도의 은혜가 넘친다, 그러면 뭔가 좋은 일이 생길 징조인 것으로 보면 됩니다. 하나님께서 뭔가 좋은 일을 행하신다는 증거입니다. 다시 말하면 열매 맺을 단계에 왔다는 증거입니다.

반대로 기도가 어렵다. 그러면 지금 무엇을 하고 있느냐? 굳은 땅을 파고 있는 겁니다. 굳은 땅을 파고 거기에다가 말씀의 씨앗을 심어야 비로소 거기에서 싹이 나고 나무가 자라서 이후에 열매 맺을 수 있는 단계가 되는 것입니다. 그러므로 기도가 어렵다고 낙심할 것이 아닙니다. 지금 기도가 어렵다는 것은 여러분 삶 속에 무언가 주님께서 깨뜨리시고 훈련하시고 변화시키시려는 것이 있다는 증거입니다. 그것을 낙심하지 마십시오.

시편 1편에 복 있는 사람은 시절을 좇아 과실을 맺는다고 했습니다. 그러므로 과실은 시절을 좇아 맺는 것인지, 시절이 되지 않았는데 과실을 맺을 수가 없는 것입니다. 봄에는 봄에 할 일이 있고 여름에는 여름에 할 일이 있고 그래서 가을이 올 수가 있는 것처럼, 우리의 기도 생활과 신앙생활에서도 항상 열매를 맺을 수 있는 건 아닙니다. 때로는 아무것도 눈에 보이지 않지만, 외양간에 소가 없고, 들에 곡식이 없고, 무화과나무에 열매가 없을지라도, 지금은 내가 준비하는 시간이며 주님과 나와 깊은 교제 속에 들어가는 시간이고 배워야 될 시간, 준비해야 될 시간임을 믿어야 됩니다. 그리고 때가 되면 주님께서 무화과나무에 주렁주렁 열매를 맺게 하시고 이 물 댄 동산과 같은 시절을 좇아 과실을 맺게 하신다는 것입니다. 여러분, 이 사실을 믿으셔야 됩니다.

　그러므로 우리의 기도 상태, 기도 생활 상태를 통해서 신앙생활의 상태를 엿볼 수가 있는데, 의사들이 청진기로 심장 뛰는 소리를 들으면서, 내장의 소리를 들으면서 그 사람의 건강을 진단할 수 있는 것과 마찬가지 원리로, 우리 삶 속에도 우리의 신앙 상태를 점검할 수 있는 몇 가지 표시가 있다는 말입니다. 이것을 잘 알아야 됩니다. 그런데 이런 기도 생활의 변화가 시간적인 순서로만 이어지는 게 아닙니다. 그러니까 처음에 기도가 잘될 때, 그 다음에 메마른 시절, 그리고 물댄 동산, 그래서 지금 내가 어디에 있나 그렇게 생각하지 마십시오. 왜냐하면, 한 개인 속에도 이 여러 가지 과정이 동시다발적으로 이루어집니다. 그러니까 어떤 부분은 기도가 잘되고 응답되는 부분이 있고, 어떤 부분은 아직도 응답이 안 되는 부분이 있는 겁니다. 예를 들면 사업은 참 잘되고 거기엔 열매가 맺히는데, 자녀 문제에 있어선 아직도 뭔가 이루어지지 않는 부분이 있다든가 이런 식으로 말입니다.

어느 부분에는 열매가 맺혀지고 인내의 열매가 단맛을 볼 수 있는 부분이 있는 반면에, 어느 부분은 아직도 내가 눈물을 흘리고 내가 죽어야 될 부분이 있습니다. 이 사실을 아셔야 됩니다. 내가 죽으면 됩니다.

내 자아가 죽고 깨어지고 내 욕심을 버려야 합니다.

'나는 내 아들이 이런 사람이 되기를 원했지만 이 기대를 주님 앞에 주님의 이름으로 내어놓습니다. 이제 주님의 뜻대로 하옵소서.'

어떤 부분에 있어서 죽어야 됩니다. 사도 바울이 나는 날마다 죽노라 그랬습니다. 죽음을 통해서 우리가 생명에 들어갈 수가 있습니다.

> 너희가 너희 생명을 구하려 하면 잃을 것이요 너희 생명을 나를 위하여 잃는 자는 구하리라

그렇습니다. 그게 주님의 생명력의 신비요 비결입니다. 기도에 응답이 안 된다면 그것은 뭔가 여러분이 인내하고 기다리고, 그리고 주님께서 여러분 삶 속에 무엇인지 모르실지라도 행하시는 것이 있다는 증거로 생각하시기를 바랍니다.

합심기도와 통성기도의 유익

사도행전은 초대 교회에 대한 역사적인 기록이기 때문에 사도행전에 등장하는 설교를 통해서 초기 기독교의 교리와 신학이 무엇이었는가를 알 수가 있습니다. 그리고 사도행전에 기록된 초대 교인들의 교회 생활의 모습을 통해서 그들은 어떻게 그리스도인으로서 신앙생활을 했고 교회 생활이 어떠했는가를 엿볼 수 있습니다. 그리고 이어서 초대 교인들의 기도를 봄으로써 그들은 어떻게 기도했고, 무엇을 위해 기도했고, 어떠한 방식으로 기도했는가를 우리가 엿볼 수가 있습니다. 기도는 우리가 천국에 갈 때까지 늘 배워도 부족한 것입니다. 왜냐하면 신앙은 결국 하나님과의 관계요, 하나님과의 관계는 결국 예배와 기도로 압축이 됩니다. 그러므로 기도가 응답이 되지 않는다는 것은 그 신앙생활이 문제가 있다는 것을 단적으로 보여 주는 것입니다. 예배에 성공하는 사람은 모든 삶의 부분에 성공할 수가 있습니다. 예배에 성공하는 것이 중요합니다.

우리가 하나님께 기도하는 것 그 자체가 의미가 있는

것이 아니라, 하나님께서 그 기도에 귀를 기울이시는 것이 의미가 있는 것입니다. 아벨만 하나님께 제물을 드린 것이 아닙니다. 가인도 드렸습니다. 그러나 문제는 아벨의 제사는 열납하시고 가인의 제사는 열납하지 않으셨다는 데 있습니다. 드렸다고 하나님이 다 들으시는 것이 아닙니다. 그러므로 예배가 받아들여지지 않는다, 예배 드리기가 힘들다, 은혜가 되지 않는다, 그것은 그 사람의 신앙에 무언가 회개해야 할 문제가 있다던가 영적으로 시험에 들었다는 것을 보여 주는 것이고, 기도가 힘들다, 기도하기가 싫다, 기도를 안 한 지 오래됐다, 기도가 응답되지 않는 것 같다, 그것 또한 신앙생활에 뭔가 문제가 있다는 것을 보여 주는 것입니다. 결국 신앙생활은 예배와 기도, 그것이 핵심이기 때문에 우리가 천국에 갈 때까지 기도는 늘 배워야 됩니다.

사도행전에서 초대 예루살렘 교회 성도들이 기도한 방법을 엿볼 수 있습니다. 첫째는 이들이 합심해서 기도했습니다. 물론 개인이 기도하는 것도 중요합니다. 그러나 주님은 두세 사람이 합심해서 기도하는 것을 기뻐하십니다. 그래서 예수님도, "두 세 사람이 땅에서 합심하여 무엇이든지 구하면 하늘에 계신 내 아버지께서 이루시리라" 하고 말씀하셨습니다.

기독교는 사랑의 종교이기 때문에 두 세 사람이 합심할 수 있다는 말은 사랑하고 있다는 것을 보여 줍니다. 부부가 함께 기도할 수 있는 한 그 부부는 헤어질 수가 없습니다. 그렇지 않습니까? 부부 싸움을 했더라도 만일 식사 시간에 억지로라도 대표기도를 하게 된다면 회개하게 될 것입니다.

'주님 저희를 용서해 주시옵소서. 저희가 이같이 어리석고 유아적인 것을 고백하오니 불쌍히 여기시고 저희를 용서해 주옵소서. 서로 사랑하게 하옵소서.'

결국 함께 기도하고 예배하는 부부는 다시 하나가 될 수밖에 없고 사랑할 수밖에 없는 것입니다. 그러므로 하나님은 합심기도를 기뻐하십니다. 마음을 하나로 하지 못한 사람들이 합심기도를 할 수는 없습니다. 마음이 하나 되지 않는데 어떻게 무엇을 기도하겠습니까?

둘째로 초대 교회 성도들은 함께 기도할 때 통성으

로 기도했습니다. 저는 우리나라 그리스도인들만 통성기도를 하는 줄 알았는데, 미국에서 신학교를 다니며 많은 외국인 교회, 미국인 교회를 다녀 보니까 미국인들도 통성기도를 하고 있었습니다.

통성기도에는 유익이 있습니다. 통성기도의 유익은 첫째, 집중력이 생깁니다. 묵상으로 기도를 하다 보면 아무래도 잡념이 많이 생깁니다. 그러면 기도하기가 참 힘들어지는데, 내가 소리를 내서 기도를 하면 적어도 내 기도의 흐름을 내가 조정 할 수가 있습니다. 소리를 내서 하는 기도는 끊기지를 않고 힘이 있습니다. 묵상기도는 하나님의 음성을 듣기에 아주 좋은 기도입니다. 그러나 부르짖어 기도할 때 나에게 영적인 힘이 생깁니다. 그리고 담대하게 기도할 수 있는 능력이 생깁니다. 특별히 소심한 사람들일수록 "주여" 하면서 소리를 내어 기도하는 것이 유익합니다.

그리고 두 번째 유익은, 통성기도를 하게 되면서 은사가 나타납니다. 통성으로 기도를 하다 보면 내가 의도하지 않은 내용의 기도가 나오게 됩니다. 전혀 생각하지 않던 것이 내 입을 통해서 나옵니다. 성령께서 내 기도를 주장하시고 내가 생각하지 못한 기도를 내가 들으면서 하나님의 뜻이 무엇인가를 알게 되고, 내 신앙 상태를 알게 되고, 내가 진정 내 영혼 깊은 곳에서 무엇을 소원하고 있는가를 알게 됩니다. 제가 교육 전도사로 있을 때 어느 학생이 수련회를 다녀온 다음 수련회 기도 시간에 받은 은혜를 나누면서, 자신이 생각하는 것보다도 예수님이 자신을 더 많이 사랑하고 있다는 사실을 깨달았다고 말했습니다. 그럴 수밖에 없습니다. 주님을 사랑하는 마음은 우리의 영혼 깊은 곳에 있는데, 우리의 마음이 우리의 영혼 깊은 곳을 들여다볼 수 있느냐 하면, 영과 혼이 다르기 때문에 들여다보지 못합니다. 그러나 성령께서 우리의 영혼 깊은 곳에 잠재되어 있는 신앙을 일깨워 주시게 되면 비로소 우리는, '나는 스스로의 신앙을 별것 아닌 걸로 생각하고 있었는데, 주님이 정말 나를 사랑하시는구나, 내 안에 믿음을 주셨구나' 하고 깨닫게 됩니다.

하나님이 자기를 사랑하는 자들을 위하여 예비하신 모든 것은 눈으로 보지 못하고 귀로도 듣지 못하고 사람의 마음으로도 생각지 못하였다 함과 같으니라 오직 하나님이 성령으로 이것을 우리에게 보이셨으니…

_고린도전서 2장 9-10절

그러므로 성령 주도적인 기도를 하게 될 때 비로소 하나님께서 우리에게 무엇을 주셨는가, 영생의 기쁨, 성령의 능력, 소망, 참을 수 있는 힘, 하나님이 계시다는 증거, 이런 것들을 깨닫게 됩니다.

어떤 분들 중에서 통성기도가 좀 소란하기 때문에, 시끄럽기 때문에, 다른 사람들에게 방해가 되지 않느냐, 그런 질문을 하는 분들이 있습니다. 물론 방해가 될 수 있습니다. 그래서 기도할 때는 예절이 있어야 됩니다. 기도 시간에 내 목소리가 내 귀에 들릴 정도로, 그 목소리는 너무 작아도 안 되고 너무 커도 안 됩니다. 크다고 하나님이 들으시는 것도 아닌데 주위 사람들을 생각해야 합니다. 그리고 통성기도를 하다 보면 내 기도 제목이 옆 사람에게 들립니다. 특히 회개할 때 말입니다. 그래서 회개기도를 통성으로 드릴 때에는 아주 지혜롭게 하셔야 됩니다. 그러니까, 회개기도를 하는 것은 좋지만 옆 사람이 내 죄의 내용을 듣게 되면 교회에 득이 안 될 수도 있습니다. 그렇기 때문에 지혜가 필요합니다. 지혜가 없으면 시험에 들 수 있습니다.

그런데 통성기도가 시끄럽기 때문에 예배에 방해가 될 수 있을까요? 훌러 신학교의 피터 와그너 교수에 따르면 그렇지 않다는 겁니다. 오히려 예배에 도움을 준다고 합니다. 왜냐하면 영적으로 드라마틱한 분위기를 만들어 주기 때문입니다. 그리고 마음을 뜨겁게 합니다. 그리고 하나님의 임재하심을 모든 사람이 더욱 사실적으로 느낄 수 있기 때문에, 통성기도가 예배 시간을 더 은혜로운 분위기로 만든다는 것입니다. 예배 시간이 졸려서는 안 됩니다. 졸다가 은혜받는 사람은 없습니다. 깨어서 기도를 해야 합니다.

그러므로 우리는 통성기도만 할 것이 아니라 통성기도와 묵상기도를 함께 해야 합니다. 예배당에서 기도할 때는 통성기도가 조금 어렵습니다. 그러나 여러분이 골방에서 기도하실 기회가 있을 때는 통성기도와 찬양을 곁들여서 하시고, 그리고 통성기도로 시작하셔서 묵상기도로 마치시는 것이 좋습니다. 통성기도를 한참 하다 보면 기도의 줄을 붙잡게 되고 기도가 쉬워집니다. 기도가 쉽게 나오면서 그때부터는 묵상기도가 쉬워집니다. 그리고 하나님이 묵상으로 기도하게 하십니다. 묵상기도는 통성기도보다도 성령과 깊은 교제를 나눌 수가 있습니다. 그리고 묵상기도를 통해서 하나님의 음성을 들을 수가 있습니다. 처음부터 묵상기도를 드리면 잡념밖에 떠오르지 않지만, 기도의 줄을 붙잡게 되면 그때부터는 영감이 떠오르게 되고 하나님의 음성을 들을 수가 있게 됩니다. 묵상기도는 집약된 기도이기 때문에 내가 마음속에 문장을 만들지 않아도 일순간에 많은 생각을, 많은 기도를 하나님께 드릴 수가 있고 일순간에 많은 것을 들을 수가 있습니다. 그것이 영적인 특징입니다. 요즘엔 컴퓨터도 갑자기 순식간에 많은 양의 정보를 보낼 수 있는 것처럼 우리가, "나는 오늘 학교에 갔습니다." 이렇게만 의사소통이 되는 게 아닙니다. 기도는 한순간에 많은 아이디어를 들을 수 있고 받을 수 있습니다. 주님께 말로 다 할 필요가 없습니다. 묵상기도할 때 이것은 많은 훈련이 필요합니다.

Chapter
4

예언을
수용하는 법

예언을
수용하는 법

예언의 부작용

많은 그리스도인들이 직접적으로 예언의 은사를 체험한 적은 없다 하더라도 예언의 은사가 있는 사람을 알고 있고, 그리고 때때로 가정이나 개인에게 문제가 있을 때 예언의 은사가 있는 분들을 찾아가서 그분들의 기도를 받아 본 경험들이 있습니다. 다수의 그리스도인들이 그렇습니다. 자신은 어떤 성령의 은사를 경험해 본 적이 없더라도 예언의 은사가 있는 분들이 있다는 것을 다 인정합니다. 아마도 우리 민족이 예로부터 역술인들을 찾아다닌 경험이 있기 때문에, 예수를 믿은 후에도 성령께서 예언하게 하신다는 사실을 믿는 데 있어서 별로 거부감이 없어 그런 것이 아닌가 생각이 됩니다.

그런데 문제는 예언을 받는 과정에서 부작용이 있을 수가 있다는 것입니다. 이런 부작용을 경험해 본 사람들은 압니다. 그리고 예언을 들었을 때 그 예언이 은혜가 되고 도움이 될 때도 있지만, 때로는 굉장히 부담이 될 때도 있습니다. 도대체 이 예언을 내가 안 받아들이자니 께름칙하고, 받아들이자니 그래도 뭔가 걸리고, 그래서 이런 문제들로 시험에 드는 사람들이 있는 것을 종종 봅니다.

이게 바로 부작용입니다. 성경을 알지 못하고 은사를 경험하든가, 성경에 나와 있는 주의사항을 모르고 무조건 예언을 수용하게 될 때 이러한 부작용을 빚게 됩니다. 그러므로 우리 그리스도인들은 예언을 멸시해서도 안 되지만 예언을 무분별하게 받아들여서도 안 됩니다. 사도 바울은 예언을 반드시 분변하라고 명했을 뿐만 아니라, 우리가 부분적으로 알고 부분적으로 예언한다고 했습니다(고전 13:9). 아무리 예언을 잘하는 사람이라도 부분적으로만 예언한다는 뜻입니다. 예언을 분별하기 위해서는 이 사실을 늘 유념해야 됩니다.

예언의 목적

예언에 대해서 가장 분명하게 나와 있는 가르침이 고린도전서 14장입니다. 14장 3절을 보면 예언의 목적과 기능이 나와 있습니다.

> 그러나 예언하는 자는 사람에게 말하여 덕을 세우며 권면하며 안위하는 것이요…

여기에 세 가지 목적이 나옵니다. 첫 번째는 덕을 세우며, 두 번째는 권면하며, 세 번째는 안위하는 것입니다. 그러나 이와 다른 방법으로 예언을 하는 사람들을 우리는 종종 보아 왔습니다. 예언은 공갈협박하기 위한 것이 아닙니다.

"만약 이 말씀을 듣지 않으면 하나님이 당신을 저주하실 것입니다."

이런 공갈협박식의 예언은 성경적인 것이 아닙니다. 적어도 신약 성경적인 예언이 아닙니다. 구약 성경은 선지자들이 기록했지만 신약 성경은 사도들이 기록했습니다. 그러므로 신약 시대에 와서는 선지자들의 위상이 구약 시대와 달라집니다. 구약 시대 선지자의 예언 중 한마디라도 가짜라는 것이 판명되면 그 사람을 돌로 쳐서 죽이라고 했습니다. 왜냐하면 선지자의 입에서 나오는 말씀은 100% 하나님의 말씀이어야 했기 때문입니다. 그 당시에는 선지자들이 차지하는 비중이 상당히 컸습니다. 그러나 신약 시대에 와서는 선지자가 아니라 사도들이 성경을 기록했습니다. 사도들에게 예수님의 부활을 증거하고 그들의 증언을 기록할 책임이 주어졌습니다. 그렇기 때문에 신약 시대에 와서는 선지자들의 역할이 사도 밑에 있습니다. 이제는 구약처럼 선지자들의 말이 100% 옳아야만 받아들여지는 것이 아니고, 신약의 원칙은 예언은 믿음의 분수를 따라 하고(롬 12:6), 부분적으로 하고(고전 13:9), 그리고 예언을 분변해야 합니다(고전 14:29). 이게 신약 성경에 나오는 예언의 원칙이며 이것을 따라야 됩니다.

사도 바울은 사도인 동시에 선지자입니다. 그래서 그는 예언의 은사를 두루 쓸 수 있는 사람이었지만, 그러나 그가 성경을 기록할 때는 그저 선지자의 입장이 아닌 사도의 입장이었습니다. 그래서 사도 바울은 서신에서 항상 자신이 사도임을 강조하였습니다.

사도 바울은 사도의 자격으로서 복음을 증거하고 교회를 세우기도 했지만, 때로는 선지자의 입장에서 사람들을 권면하고 가르치고 개인적인 지시의 말씀을 하기도 했습니다.

신약 성경에 있어서 예언의 주된 목적은 앞날을 예견하기 위한 것이 아닙니다. 어느 쪽으로 이사 가는 게 더 좋을지, 동쪽으로 갈 것인지 서쪽으로 갈 것인지, 어느 회사의 주식을 살 것인지, 어느 땅이 값이 네 배로 뛸 것인지, 이건 점치는 겁니다. 요즘에 수많은 역술가, 무속인들은 귀신의 힘으로 예언을 하는 것입니다. 그래서 '귀신같이 안다' 그런 말도 있지 않습니까? 하나님의 어깨를 넘겨다보기 때문에 귀신도 압니다. 그러나 귀신들은 하나님의 뜻이 어디에 있고, 섭리가 어디에 있고, 이것이 합력하여 어떤 선을 이룰 것이고, 여기에서 하나님은 무슨 일을 도모하시고, 무슨 일을 가르치기를 원하시고, 무슨 경고를 하시고, 이런 것에 대해선 도무지 알지 못합니다. 그저 어디 가면 뭐가 어떻게 되고, 뭐하면 뭐하고, 액운을 피하고, 이런 차원에 머무르는데, 이것은 인간을 구원할 수가 없습니다. 도리어 사람을 이런 예언에 얽매이게 합니다.

셰익스피어가 쓴 『맥베스』를 보면 맥베스는 죄인입니다. 왕을 살해하고 자신이 왕이 되는데 그렇기 때문에 항상 불안합니다. 자신이 죄가 있기 때문에 스스로 불안한 것입니다.

그가 왕을 죽이고 나오면서 하는 독백은 이렇습니다. "모든 바다의 물로 내 손을 씻는다 해도 이 손이 깨끗하게 되지 못하리라." 자기 스스로를 이렇게 자책하고 있는데, 그가 나중에 결정적인 전투를 앞두고 마녀를 찾아갑니다. 마녀가 가마솥에다가 도마뱀, 자라 같은 걸 넣고 휘저으면서 맥베스에게, "숲이 움직이지 않는 한 당신이 이길 것이오."라고 예언합니다. 그러자 맥베스가 "어떻게 숲이 움직이느냐? 이 전투는 내가 승리할 것이다."라고 자신만만합니다. 그런데 저녁이 되자 경비를 하는 병정들이 달려와서, "왕이여, 숲이 움직입니다."라고 보고합니다. 보니까 적군이 나뭇가지로 위장을 하고 기어오는 것입니다. 그것이 멀리서 보면 숲이 움직이는 것처럼 보였던 것입니다. 그래서 맥베스는, "아뿔싸! 이제 내가 졌구나." 하였으나 때는 이미 늦었습니다.

맥베스는 그렇게 그의 최후를 맞이하게 되는데, 이게 바로 역술가를 의지하는 인간의 말로입니다. 여기에는 구원이 없습니다. 사울 왕도 마지막에 엔돌의 박수무당을 찾아가서 귀신의 힘을 빌려 앞날을 예측하려고 하지만 오히려 그 무당이 "당신은 이번에 죽습니다."

그렇게 예언을 하자 정말로 사울은 전쟁터에서 자살을 합니다. 귀신의 예언을 의지하는 사람들은 다 이렇게 시험에 들어 멸망하게 됩니다.

그러나 성령도 예언을 하십니다. 그리스도인의 영은 예언하는 영이라 하셨습니다. 예언의 영이라 그랬는데, 그 목적은 앞날을 예측하기 위한 것이 주된 목적이 아니라 덕을 세우는 것입니다. 덕을 세운다는 말은 믿음을 세워주고 그 사람의 심령을 강건하게 해 준다는 뜻이며 권면하는 것입니다. 당신 이렇게 살면 안됩니다. 더 열심을 내셔야 합니다. 당신은 이 길로 가면 망합니다. 하나님이 당신을 부르십니다. 이처럼 바른 소리를 하는 것입니다. 그리고 안위하는 것입니다. 위로하는 것입니다. 상처 입은 사람들, 힘든 사람들에게 "내가 너와 함께하리라, 너는 두려워하지 말고 나를 믿으라" - 이런 식으로 안위하는 그런 목적이 있습니다.

그리고 고린도전서 14장 29절에서는, "예언하는 자는 둘이나 셋이나 말하고 다른 이들은 분변할 것이요"

라고 했습니다. 분변이란 말은 분별한다는 뜻입니다. 그러니까 누가 예언을 했을 때 무분별하게 수용해서는 안 되고 누군가가 그것이 정말 성령의 감동으로 된 예언인지 분변해야 됩니다. 이것을 분변하는 것도 은사입니다. 성령의 감동이 오느냐, 성령이 내 영과 더불어 이게 정말 하나님께서 주신 말씀이란 걸 증거하고 계시느냐, 그것을 분별할 필요가 있다는 것입니다.

예언을 분별하는 법

예언을 분별하는 첫 번째 방법은, 그것이 성경 말씀과 부합하느냐 하는 것입니다. 어떤 사람의 꿈에 천사가 나타나서 이렇게 말했다고 합니다.

"너의 현재 아내는 하나님이 짝지어 준 여자가 아니니라. 그러므로 하나님 보시기에는 너는 아직 미혼이니라. 이제 네가 하나님을 섬기기 위해서 하나님이 정말 짝지어 준 배필을 소개해 주겠느니라."

여러분에게 만일 이런 일이 생기면 어떻게 하시겠

습니까? 이럴 때 분별할 수 있어야 됩니다. 성경 말씀에 배우자가 불신자라고 하더라도 안 믿는 배우자가 함께 살기를 원하면 헤어지지 말라고 했습니다. 그리고 하나님이 짝지어 주신 것을 사람이 나누지 말라고 했습니다. 성경 말씀을 제대로 알지 못하면 이런 상황에서 옳고 그름을 분별할 수 없을 것입니다.

두 번째 방법은, 예언을 듣는 사람에게 내적 확신이 있느냐 하는 것입니다. 요한복음 10장 4절부터 5절 말씀에, "양들이 그의 음성을 아는고로 따라 오되 타인의 음성은 알지 못하는고로 타인을 따르지 아니하고 도리어 도망하느니라"고 하셨습니다. 우리는 다 양이기 때문에 우리 목자의 음성을 듣습니다. 그리고 들어 본 경험이 있기 때문에 한 번 들으면 압니다. 반면에 목자가 아니고 목자의 음성을 흉내 내는 사람은 그 음성이 생소하기 때문에 도망가게 되어 있습니다. 마음속에서 두려움을 얻게 되어 있고, 께름칙한 느낌을 받게 됩니다. 그러므로 예언을 받을 때 마음속에 어떤 감동이 온다든가, '이건 정말 하나님이 주신 말씀이다' 하고 와

닿는 게 있다면, 그건 주님께서 주신 말씀이란 가능성이 많은 것이고, 오히려 께름칙하다든가 두려운 마음이 든다든가 이상하면 그때는 '이건 성령이 주신 말씀이 아니다'라고 그렇게 판단할 수가 있다는 것입니다.

그리고 세 번째는, 미래의 일을 예측했을 때 그대로 이루어지느냐 하는 것입니다. 그야 당연한 말입니다. 이루어지면 그건 주님이 하시는 말씀일 가능성이 많고, 이루어지지 않는다면 '저 사람 가짜다, 틀렸다'라고 그렇게 판별이 납니다.

네 번째는, 그 예언이 좋은 열매를 맺느냐 하는 것입니다. 그러니까 예언을 들음으로써 들은 사람이 그 예언으로 말미암아 하나님을 더 사랑하게 만들고 믿음을 키워 주고 거룩하게 살도록 인도하느냐, 아니면 그 예언으로 인해서 가정이 불화해진다든가 불평불만이 많아진다든가 뭔가 열매가 안 좋다면 그 예언은 잘못된 예언일 가능성이 많습니다. 그렇지 않습니까? 예언을 듣고 난 다음에 마음이 더 불안해진다든가, 불만이 생긴다든가, '이거 내가 잘못 살고 있는 게 아닌가' 이런 식으로 생각하게 되면, 아무리 그 예언이 겉으로 보기에는 좋은 뜻으로 하는 말 같더라도 그것은 바람직한 것이 아닙니다. 주님께서 뭐라고 하셨습니까? 선지자는 그 무엇으로 열매를 안다 그랬습니다.

그리고 다섯 번째는, 협박식 예언을 조심해야 됩니다.

"이 말씀에 순종하지 않으면 하나님이 치십니다."

"헌금하지 않으면 하나님이 사업을 망하게 하십니다."

이런 협박식 예언은 칼을 들지 않았을 뿐이지 강도나 다름없습니다. 그런 예언을 받아 본 사람들이 있습니다. 특히 부유해 보이는 사람에게 따라붙는 예언자들이 있습니다. '저 사람 돈 많이 보인다' 싶으면 따라붙습니다. 그래 가지고, "우리가 지금 뭘 하고 있는데, 건물을 짓고 있는데, 어젯밤 꿈에 주님께서 나타나셔서 하나님이 권사님을 정말 사랑하시는데 이 건축하는 데 권사님이 헌금하시면 하나님이 축복하신답니다." 하면, 그럴 때 그 말을 들을 수도 없고 안 들을 수도 없고 참 난처합니다. 그래서 시험에 드는 분들을 제가 많이 봤습니다. 설사 하나님이 그런 식으로 말씀을 주셨더라도 그런 식으로 전하면 안 됩니다. 그건 양식이 없는 사람이며 센스가 없는 분입니다.

그리고 여섯 번째는, 구체적인 장소나 시간이나 배우자에 대한 예언은 경험과 능력이 많은 예언자라도 실수할 때가 있습니다. 시간, 장소, 배우자, 태아가 아들이냐 딸이냐, 이런 것은 실수하는 사람들이 많습니다. 그러므로 너무 그런 것을 예언을 통해서 알려고 하다가는 실수할 가능성이 많습니다.

그리고 마지막으로, 여러분 자신이 기도하고 자신이 하나님의 인도를 구하는 가운데 예언을 참고하려고 하는 것은 바람직하지만, 자신은 기도를 전혀 하지 않고 그냥 누가 대신 기도해주기를 원한다면 그것은 영적인 게으름입니다. 그것은 바람직하지 않습니다. 그리고 이런 사람은 미혹에 빠질 가능성이 많습니다. 자신이 먼저 기도하고 그러는 가운데 주님께서 은혜를 주시면 그게 마음속에 은혜가 됩니다.

예언이 오는 방법

예언이 오는 방법에는 대체적으로 두 가지가 있습니다. 첫 번째는 '나비' 예언입니다. '나비'는 히브리말로 '부글부글 끓어오른다'는 뜻입니다. 부글부글 끓어오르듯이 속에서 말씀이 솟아올라, 내가 어떤 말을 하려고 의도한 것이 아닌데 내 입에서 은혜로운 말씀이 쏟아져 나오는 것이 나비 예언입니다. 그러니까 지금 무슨 말을 해야 할지 모릅니다. 계획하고 입을 여는 게 아닙니다. 그런데 순간에 성령이 솟아오르는 것처럼 말이 확 쏟아져 나오는 식의 예언이 있습니다.

두 번째는 꿈이나 환상을 봄으로써 예언하는 방법입니다. 이런 사람을 선견자(seer)라고 부릅니다. 사무엘이 그런 선지자였습니다. 이 두 가지를 다 하는 사람이 있고 둘 중에 하나만 하는 사람이 있습니다.

예언의 은사에 대해서 여러분이 하나님께 구하시면 주십니다. 그리고 사람마다 자신의 믿음의 분수에 따라서 예언을 할 수 있게 되어 있기 때문에(롬 12:6), 믿음의 분량이 약한 사람은 그 분량대로 하면 됩니다.

"하나님이 당신을 사랑하십니다."

이런 예언은 틀릴 가능성이 적습니다. 그러나 이제 점점 믿음이 자라서 예컨대, "이 사업은 하나님 뜻이 아니라고 하십니다"라고 예언한다면 거기엔 대단한 믿음이 필요합니다. 그러니까 그런 예언을 할 만한 믿음이 갖추어지지 않은 상황에서는 그런 예언을 하려고 해서는 안 됩니다.

크리스천 리더십

어느 스승이 제자들에게 한 냥씩을 주고 무엇이든지 이 방을 가득 채울 수 있는 것을 가져오라 명했다고 합니다. 제자들이 한 냥씩을 가지고 간 다음날 모두 다시 모였습니다. 스승이 제자들에게 묻습니다.

"너는 무얼 가지고 왔느냐?"

한 제자가 소똥 한 사발을 가져왔습니다. 그래서 그 냄새가 방 안을 가득 채웠습니다. 이를 본 스승은, "너는 돈을 많이 벌겠다"라고 얘기했답니다.

또 다른 제자는 종달새를 가져왔고, 그 울음소리가 방 안을 가득 채웠습니다. 그랬더니 스승이 그를 보고 말했습니다.

"너는 많은 사람들을 기쁘게 하겠다."

또 다른 학생은 초를 가져왔습니다. 초에 불을 붙였더니 그 빛이 방을 가득 채웠습니다. 그랬더니 그 스승이, "너는 앞으로 정승이 되겠다. 지혜로운 사람이 되겠다." 하고 말씀하셨다고 합니다.

사람은 무엇이든지 자기 존재를 이 세상에 알리길 원합니다. 그래서 어린아이들은 자신의 존재를 알리기 위해서 울고, 떼를 쓰고, 그리고 점점 자라면서 운동을 잘한다든가, 공부를 열심히 한다든가, 또 여인의 경우에는 몸매를 가꾼다든가, 사람의 시선을 끈다든가, 돈을 번다든가, 어떤 방법으로든지, '나는 무시할 수 있는 존재가 아니오, 날 좀 보시오'라는 뜻으로 우리의 존재를 어떤 사람들에게 알리기를 원합니다.

그리스도인은 그리스도인이기 때문에 리더입니다. 지도자입니다. 그 사람의 성품이 어떻고, 소극적이든

적극적이든, 사회적인 지위가 어떻든 간에, 그리스도인이기 때문에 지도자입니다. 지도자라는 말을, 우리가 '사회에 영향력을 미치고 또한 다른 사람을 지도할 수 있는 사람'이라고 본다면 당연히 그리스도인들은 다 지도자입니다. 하나님께서 우리들을 다 리더로 세우십니다. 오늘 읽은 성경 구절에서 이런 말씀이 있습니다.

> 사람이 등불을 켜서 말 아래 두지 아니하고 등경 위에 두나니 이러므로 집안 모든 사람에게 비취느니라

만일 우리가 빛의 역할을 제대로 감당할 수만 있다면 하나님이 우리를 높은 곳에 두시고, 사람들도 우리를 높은 곳으로 올리게 된다는 뜻입니다. 왜 그렇습니까? 빛이기 때문입니다. 빛은 그 빛을 비춰야 될 책임이 있기 때문에, 우리가 자신을 높이려고 애를 쓰지 않아도 빛의 역할을 제대로 감당할 수만 있으면 하나님과 사람들이 저절로 우리를 높입니다. 우리의 지위가

점점 높아집니다. 스스로 높아지려고 할 필요가 없습니다. 저절로 높아지게 됩니다. 우리가 할 일을 제대로 감당하기만 하면 됩니다. 그런데 반대로 빛의 역할을 잘 감당하지 못하고 어두워지면, 높은 곳에 있더라도 사람과 하나님이 우리를 낮은 곳으로 내리십니다. 그러므로 지도자의 역할을 제대로 하느냐 안 하느냐는 참으로 무서운 결과를 우리에게 가져올 수 있다는 것입니다.

우리가 크리스천 리더십에 대해 깨닫기 위해서는 첫째, 세상적인 개념에 좌우되어서는 안 됩니다. 지도자에 대한 세상적인 개념이 있고 성경적인 개념이 있습니다. 그러나 많은 그리스도인들은 교회 안에서도 세상적인 개념을 그대로 적용하는 경우가 있습니다. 그만큼 거기에 우리의 생각이 좌우되어 있기 때문입니다. 세상적인 개념은 무엇입니까? 명함, 명예, 세력…. 그러나 지도자를 이런 식으로 봐서는 안 됩니다. 그렇게 되면 우리의 지도자로서의 가능성을 보지 못하게 됩니다.

먼저 크리스천 지도자의 성격을 몇 가지 살펴보도록 하겠습니다.

첫째는, 크리스천 지도자는 공식 명칭에 좌우되지 않습니다. 저의 예를 들면, 저는 지금 기쁜소식교회의 담임목사로 있습니다. 그것이 저의 공식 명칭입니다만, 만일 저의 신상에 변화가 생겨서 더 이상 우리 교회에 몸을 담고 있지 않게 된다 하더라도, 그래도 저는 목사입니다. 공식적으로 목사의 지위가 주어지지 않았다 할지라도 저는 목회 일을 할 것입니다. 길을 가든지 동네에서든지 누구에게든지 전도하고 그들에게 말씀을 가르친다면 그건 목회자가 할 수 있는 일입니다. 그렇지 않습니까? 그러므로 공식 직분에 좌우되는 것이 아닙니다. 그런데 중세에 교회가 타락한 적이 있었습니다. 그때는 매관매직이 성행했습니다. 돈만 있으면 얼마든지 사회적인 지위라든가 주교도 될 수 있고, 추기경도 될 수 있었습니다. 그러나 그런 것은 공식적으로 직분이 있더라도 주님이 인정하시는 리더가 아닙니다. 이것을 우리가 분명히 알아야 됩니다. 예수님은 어떻습니까? 예수님에게는 공식 직분이 없었습니다. 그분은 회당의 지도자도 아니고 제사장도 아니고 서기관도 아니었습니다. 그저 이름없는 목수의 아들이요 랍비였습니다. 그러나 예수님은 명실 공히 왕 중의 왕이요 목자 중의 목자입니다. 그분이 공식적으로 알아주는 어떤 직분이 없었다고 해서 하나님의 뜻을 이루지 못한 것은 아닙니다. 공식 명칭에 좌우되는 것이 아닙니다.

그리고 두 번째는, 기독교 지도자는 사회적 위치에도 좌우되지가 않습니다. 그러므로 비록 재벌 회장의 운전기사라 할지라도 영적인 분야에 있어서는 그 회장에게 지도자 역할을 할 수가 있습니다. 사회적 위치에 좌우되는 것이 아닙니다. 요셉을 보십시오. 요셉이 애굽에 내려갔을 때 처음엔 보디발의 하인이었고, 누명을 뒤집어쓰고 감옥에 갇히는 죄수의 몸이었습니다. 그는 이방인이었고 가진 것이 아무것도 없었습니다. 그러나 하나님의 영이 그와 함께 계시기 때문에 나중에 바로의 꿈을 해석하게 되고, 그것으로 인해 애굽의

총리대신이 됩니다. 그가 무슨 밑천을 가지고 이런 자리에 오를 수 있었습니까? 아무것도 없었습니다. 지위도 없고 가정도 없고 배경도 없고, 그러나 하나님이 함께 계셨기에 전혀 꿈꿀 수 없었던 자리에 올라갈 수 있었던 것입니다. 여기서 사도행전 27장 21절부터 26절 말씀을 찾아봅시다.

> 여러 사람이 오래 먹지 못하였으매 바울이 가운데 서서 말하되 여러분이여 내 말을 듣고 그레데에서 떠나지 아니하여 이 타격과 손상을 면하였더면 좋을뻔 하였느니라 내가 너희를 권하노니 이제는 안심하라 너희 중 생명에는 아무 손상이 없겠고 오직 배 뿐이리라 나의 속한 바 곧 나의 섬기는 하나님의 사자가 어제 밤에 내 곁에 서서 말하되 바울아 두려워 말라 네가 가이사 앞에 서야 하겠고 또 하나님께서 너와 함께 행선하는 자를 다 네게 주셨다 하였으니 그러므로 여러분이여 안심하라 나는 내게 말씀하신 그대로 되리라고 하나님을 믿노라 그러나 우리가 한 섬에 걸리리라 하더라

이 성경 구절의 배경은, 사도 바울이 죄수의 몸으로 그를 호송하는 로마 병정들에게 끌려서 로마로 가는 항해 중에 풍랑을 만나게 됩니다. 그래서 지금 배가 가라앉아 죽을지도 모르는 굉장히 어려운 상황에 처한 그 순간에, 바울이 일어서서 선장과 백부장과 모든 사람들 앞에서 말씀하고 있는 장면입니다. 지금 바울은 그 배의 선장도 아니고 지도자도 아닙니다. 공식적인 것은 아무것도 없습니다. 죄인의 몸입니다. 그러나 지금, 죽느냐 사느냐 하는 이 순간에 하나님의 입장에서 권세 있는 말로써 바울이 그들을 위로하고 있습니다.

> 염려하지 마십시오. 생명에는 지장이 없을 것입니다. 다만 당신들이 처음부터 내 말을 들었으면 좋았을 뻔하였나이다

대단한 담대함입니다. 이 순간에 지금 선장이 지도자가 되겠습니까, 장교가 지도자가 되겠습니까? 지금 이 순간에는 죽느냐 사느냐에 대한 해답을 갖고 있는

사람이 지도자가 될 수밖에 없습니다.

예를 들어 비행기가 날아가다가 환자가 생겼을 때, 그때는 비행기 안에 타고 계신 의사 선생님이 대장입니다. 그렇지 않습니까? 환자의 생명을 구하는 데 있어서는 기장도 소용없습니다. 이처럼 크리스천 리더십은 사회적인 지위에 좌우되는 것이 아닙니다.

세 번째, 크리스천 리더십은 위아래 서열에 좌우되지 않습니다. 이 말은, 영적인 지도력에는 서열보다는 은사가 더 중요하다는 말입니다. 우리 몸에 수많은 지체가 있는데, 그중 어느 것이 제일 중요하냐는 것은 경우에 따라 다릅니다. 무엇을 봐야 될 경우에는 눈이 필요하지만, 말해야 될 때는 입이 제일 중요하고, 뛰어야 될 때는 발이 제일 중요합니다.

영적인 지도력도 마찬가지입니다. 경우에 따라서 그때그때 가장 필요한 능력과 은사가 있는 사람이 지도자입니다. 그러니까 찬양할 때는 찬양 인도자가 지도자입니다. 그때에는 설교자가 찬양 인도자에게 이래라저래라 말할 수 있는 권리가 있는 것이 아닙니다.

찬양할 때는 찬양 인도자에게 모든 권한을 위임하는 겁니다. 하나님이 지금 이 사람을 통해 역사하고 계십니다. 그러나 설교할 때는 설교자가 지도자입니다. 하나님이 설교자에게 말씀을 주시고 권세를 주신 그 범위 안에서 지도력을 행사할 수가 있습니다. 그러나 설교 시간이 끝나고 또 다른 순서에는 그 순서에 맞는 권세와 지도력을 가진 분이 있는 것입니다. 이처럼 지도자라고 해서 항상 지도하는 것이 아닙니다. 경우에 따라서 거기에 필요한 은사를 가진 분이 그 일을 하게 됩니다.

그러므로 사도 바울은 고린도전서에서 주님께서 교회에 여러 가지 은사를 주셨다고 말합니다. 은사가 한 종류만 있는 것이 아닙니다. 수많은 은사가 있습니다. 고린도전서 12장에 나오는 아홉 가지 은사 이외에도 에베소서와 로마서 같은 데 보면 여러 가지 은사가 참으로 많습니다. 돕는 은사가 있고, 섬기는 은사, 가르치는 은사, 지도자의 은사, 예언의 은사… 수많은 은사가 있습니다. 이 모든 은사는 한 사람에게 주어진 것이 아닙니다. 한 사람이 이것도 했다가 저것도 했다가 하는 것이 아니라, 주님께서는 지극히 작아 보이는 분에게 큰 능력을 주기도 하십니다.

이처럼 골고루 은사를 나누어 주시므로, 교회가 진정으로 교회의 역할을 하기 위해서는 각 사람에게 어떤 능력과 은사가 주어지는지를 솔직하게 발견하여 그 은사를 인정하고 계발시키며, 그 은사를 사용할 기회를 허락해 주어야 합니다. 이것이 교회가 교회 되는 비결입니다. 교회는 사회적인 기관과는 다릅니다. 사회적인 기관은 엄격한 위계질서가 있어서 그 위계질서대로 모든 것이 진행됩니다. 그러나 교회는 그렇지가 않습니다. 성경을 보십시오. 갈라디아서를 보면 바울이 예수님의 제자 중에 수제자인 베드로를 나무란 적이 있다고 말합니다.

"당신 이것은 잘못된 것입니다. 주님께서 우리를 율법에서 자유케 하셨는데 당신은 어떻게 해서 우리가 질 수 없는 짐을 지게 하려 합니까?"

경우에 따라서 하나님이 바울에게 권세를 주시고

말씀을 주셨기 때문에 베드로라 할지라도 바울의 말에 귀를 기울여야 했습니다. 그렇다고 해서 베드로는 화를 낸다든가 한 일이 없고 온유하게 그것을 받아들였습니다.

'아, 이 순간에는 하나님이 저분을 높이셨다. 하나님이 저분을 나의 선생으로 삼으시고, 바울을 통해서 나를 가르치신다.'

하나님의 사람이었기 때문에 그것을 수용할 수가 있었습니다. 여러분, 오늘날 이 사회를 살아가는 우리는 이런 것을 수용할 수 있다고 생각하십니까? 때로는 하나님이 자녀들을 통해서 부모의 잘못을 지적하실 때도 있습니다. 평신도를 통해서 목회자를 가르치실 때도 있습니다. 이건 하나님의 뜻이고, 성령께서 역사하시는 일입니다. 만일 우리가 인간적이고 세속적인 가치관에 사로잡혀서 주님께서 우리를 인도하시는 방법을 받아들이지 못한다면, 이것은 우리의 손해일 뿐입니다. 그리고 이것은 하나님의 말씀을 거스르는 것이 될 뿐입니다.

네 번째로, 크리스천 리더의 성격은 주장하는 자리가 아니고 섬기는 자리입니다.

마태복음 20장 25절부터 28절 말씀을 봅시다. 아주 유명한 말씀입니다. 예수님이 이렇게 말씀합니다.

> 이방인의 집권자들이 저희를 임의로 주관하고 그 대인들이 저희에게 권세를 부리는 줄을 너희가 알거니와 너희 중에는 그렇지 아니하니 너희 중에 누구든지 크고자 하는 자는 너희를 섬기는 자가 되고 너희 중에 누구든지 으뜸이 되고자 하는 자는 너희 종이 되어야 하리라 인자가 온 것은 섬김을 받으려 함이 아니라 도리어 섬기려 하고 자기 목숨을 많은 사람의 대속물로 주려 함이니라

여기에서 예수님은 세속적인 지도자와 신앙의 지도자를 비교하고 계십니다. 세속적인 지도자는 권세를 가지고 부리는 사람입니다.

"이거 해, 저거 해, 내 말 들어…."

그러나 기독교의 지도자는 권세도 있고 힘도 있어야 하나, 이 힘의 목적은 섬기기 위한 것입니다. 살리기 위한 것이고, 구원하기 위한 것입니다. 힘 자체를 좋아하기 때문에 힘을 사모하는 것이 아니고, 어디까지나 주님의 뜻을 행하는 데에, 섬기는 데에 필요하기 때문에 힘을 요구하는 것입니다. 그 일을 마친 다음에는 권세를 주장하지 않습니다. 이것이 그리스도인 지도자의 특징입니다. 반면에 세속적인 지도자들은 힘을 얻기 위해 힘을 사모합니다. 힘 자체를 좋아합니다.

'그 힘이 있으면 그것으로 무엇을 할 것입니까?'

여기에 대해서는 대책이 없습니다. 일단 힘을 얻고, 권세를 얻고, 그러고 나서 그 권세를 누리려고 합니다만 우리는 그렇지 않습니다. 주님께서 우리에게 능력을 주십니다. 때로는 필요한 재물도 주시고 명예도 주시고 지위도 주십니다. 그러나 그것들을 우리에게 주시는 목적은 섬기기 위한 것입니다. 그래서 예수님께서는 제자들에게 섬김을 가르치시기 위해서 몸소 제자들의 발을 씻기지 않았습니까? 발을 씻기는 사람이 지도자입니다. 주님께서 우리에게 가르치시는 방법입니다.

우리가 원하는 마음만 있으면 이 세상에는 섬길 수 있는 기회가 얼마든지 있습니다. 예를 들어, 직장에 다니시는 분이 직장 동료들과 함께 모여서 일주일에 한 번씩 성경을 읽자, 함께 성경을 공부하자고 그랬을 때 모이기를 원하는 분이 분명히 있을 것입니다. 그래서 만일 다섯 명의 사람들이 모였다고 한다면, 그 다섯 명은 여러분의 양입니다. 여기에다 계급장을 붙인 것도 아니고, '내가 목자다' 그런 것이 없더라도 여러분이 섬기고자 하는 마음이 있을 때 따르는 사람이 있다면 그분들을 섬길 수 있습니다. 섬길 수 있는 기회는 많습니다. 교회 안에도 섬길 수 있는 기회가 많습니다. 차량 안내에서부터 비롯하여, 섬길 사람이 많이 필요합니다.

그런데 왜 우리가 섬기지 못합니까? 사람들이 인정하는 자리를 원한다든가, 사람들 눈에 뜨이는 일을 원한다든가 하게 되면 그때는 서로 경쟁하게 됩니다. 그렇지 않습니까? 만일 우리가 섬기기 위해 경쟁해야 된다면, 그것은 뭔가 잘못된 겁니다. 그것은 뭔가 진정으로 섬기는 것이 아니기 때문에 그렇습니다. 경쟁할 필요가 없습니다. 만일 경쟁이 있다면 그 자리는 얼마든지 양보해도 좋습니다. 경쟁하지 않아도 얼마든지 이 세상을 섬기는 자가 필요한 사회입니다. 그리고 주님께서 우리에게 많은 은혜를 주셨기 때문에, 얼마든지 이 세상은 우리를 필요로 하고 있습니다. 경쟁이 있다면 그 자리를 사양하고 다른 길을 찾으면 됩니다. 높은 사람, 지위 있는 사람, 유명한 사람을 친구로 하려면 아마 경쟁이 있을 겁니다. 그러나 아무도 알아주지 않는 사람들, 미천한 사람들의 친구가 되는 일에는 경쟁이 없습니다. 주님께서는 그렇게 말씀하셨습니다. 너희가 잔치를 베풀 때에 너희를 다시 초청할 수 있는 사람, 이런 사람을 초청하지 말고 길가의 거지와 가난한 자와 병자들을 초청하라고 하셨습니다. 이것이 섬기는 원리입니다. '나는 유명한 사람, 있는 사람을 대상으로 목회하겠다'라고 한다면 서로 경쟁할 겁니다. 그러나 가난한 사람, 없는 사람, 병자들을 섬기겠다고 한다면, 오히려 그런 자리에는 우리가 섬길 수 있는 기회가 더 많을 것입니다.

우리가 크리스천 지도자로서 극복해야 할 것이 있습니다.

첫째는 두려움입니다. 의외로 많은 사람들이 두려움의 문제 때문에 하나님이 그들에게 주신 소명을 제대로 지키지 못할 때가 많다고 생각됩니다. 두려움이라는 것은 심리적인 것이지만, 지도자라고 해서 반드시 저처럼 사람들 앞에 서서 말을 해야 되는 것은 아닙니다. 때로는 숨어서 지도자의 역할을 할 수도 있고, 자신을 드러낸다고 해서 반드시 지도자가 되는 것은 아닙니다.

두 번째는 열등감을 극복해야 됩니다. 제가 미국에서 공부를 할 때 이런 생각을 한 적이 있습니다. 미국 사람들은 키도 크고 생기기도 잘생겼고 금발에 파란 눈에 머리도 좋고 재주도 많고 음악도 잘하고 가정도 좋고, 무엇 하나 제가 그들보다 나은 게 없어 보였습니다.

'야, 내가 이 사람들에게 무엇을 줄 수 있겠나.'

나는 이 사람들을 도울 수 있는 방법이 아무것도 없다고 생각했습니다. 그러다가 제가 은혜를 받고 보니까, 성령의 충만함을 받고 보니까, 제 생각이 변화되기 시작했습니다. 그래서 '이 사람들에게 없는 것이 나에게 있다. 그리고 이 사람들에게 정말로 필요한 것을 내가 줄 수 있다.' 하는 것을 깨닫게 되었습니다. 그것을 통해 제가 열등감을 극복할 수 있었습니다. 우리가 섬기기 위해서는 열등감을 벗어버려야 합니다.

'저 사람은 나보다 신앙생활을 오래 했고, 성경 지식도 많고, 사회적인 지위도 있고, 돈도 있고….'

이렇게 생각하면 섬기지를 못합니다. 이 생각을 벗어 버리고, 내게 은과 금은 없으나 하나님께서 주신 것이 있다. 그것으로 내가 섬길 수 있다는 것을 믿어야 됩니다. 놀라운 생각의 전환이 필요합니다. 더 이상 세속적인 생각에 사로잡혀서는 안 됩니다. 주님께서는 우리 모두를 지도자로 세우셨는데, 지도자라는 것은 무엇인가를 줄 수 있는 사람입니다. 여러분, 그 사실을 믿으십니까? 이 사실을 깨닫기 위해서는 우리가 성령의 충만함을 받아야 될 필요가 있습니다. 성령께서는 하나님이 우리에게 은혜로 주신 것을 깨닫게 하신다고 그랬습니다. 은혜를 안 받은 것이 아닙니다. 받았는데, 그것이 무엇인가를 깨닫지 못하고 있을 뿐입니다. 그러므로 성령께서 이것을 우리에게 깨닫게 하시면 그 때 비로소 우리는 그 일을 감당할 수 있습니다.

집안 식구들이 식사할 때 누가 주로 대표 기도를 합니까? 아내입니까? 남편입니까? 가정의 제사장은 남편이오 아버지입니다. 이것이 성경적입니다. 아버지가 자녀를 축복해야 됩니다. 이삭이 야곱을 축복했더니 야곱이 복을 받았습니다. 리브가가 아무리 야곱을 축복하고 싶어도 그럴 권세가 없었습니다. 아버지가 축복을 해야 했습니다. 하나님께서 아버지를 가정의 제사장으로 삼으셨기 때문입니다.

그러므로 이제는 남자가 가정에서 영적인 지도자의 역할을 해야 합니다. 여인들이 기도를 많이 하고, 성경적인 지식이 많다 하더라도 그건 상관없습니다. 하나님이 보시기에는 남자가 가정의 제사장입니다. 제사장이 제사장의 역할을 해야 됩니다. 그리고 자녀를 축복해야 할 책임이 있습니다. 그것이 우리에게 주신 권세입니다. 남자가 우월하다는 게 아닙니다. 하나님이 만든 질서가 그렇다는 것입니다. 그 질서대로 하면 하나님의 뜻이 온전히 이루어질 수가 있습니다. 우리에게 주신 지도력이 우리에게 주신 사명입니다.

**예수를 믿는 사람이라면
성령에 대해 알아야 할 것들**

발행일 2004년 5월 25일 초판 1쇄
2004년 6월 15일 초판 2쇄
2024년 11월 1일 개정판 1쇄

글쓴이 김영준
발행인 고영래
발행처 (주)미래사

주소 서울시 마포구 토정로 195-1 정우빌딩 3층
전화 (02)773-5680
팩스 (02)773-5685
이메일 miraebooks@daum.net
등록 1995년 6월17일(제2016-000084호)

ISBN 89-7087-280-9 (33230)

© 김영준, 2024

이 책의 저작권은 저자와 도서출판 미래사가 소유합니다.
신저작권법에 의하여 한국 내에서 보호받는 저작물이므로
무단 전재와 무단 복제를 금합니다.

* 가격은 뒤표지에 있습니다.
* 잘못 만들어진 책은 구입처에서 바꾸어 드립니다.